Collection dirigée par Henri Mitterand

GW00385314

Proust

résumés

commentaires
critiques

documents
complémentaires

Karen Haddad-Wotling

Ancienne élève de
l'École normale supérieure
Agrégée de Lettres modernes
Docteur ès Lettres

Marcel Proust

Introduction

« Moi l'étrange humain qui, en attendant que la mort le délivre, vit les volets clos, ne sait rien du monde, reste immobile comme un hibou et, comme celui-ci, ne voit un peu clair que dans les ténèbres. » Cette voix qui s'élève dans *Sodome et Gomorrhe*, est-ce celle de Marcel Proust ? Est-ce celle de son narrateur, derrière laquelle elle s'efface presque continûment ? Elle s'élève, en tout cas, au milieu d'un des volumes les plus fourmillants de vie d'*À la recherche du temps perdu*. C'est là, sans doute, toute la singularité du destin de Marcel Proust, de son complet renoncement.

Renoncement au « monde », à ses plaisirs, pour écrire un livre si plein de mondanité, que l'on a pu s'y tromper, croire que c'était là le fond de l'œuvre. Renoncement aux autres aussi : c'est l'image, à peine déformée par la légende, du Proust enfermé dans sa chambre tapissée de liège, refusant les entretiens, résiliant son abonnement au téléphone pour ne plus être dérangé – et pourtant, pour ses rares visiteurs, pour ses intimes, causeur infatigable, conteur charmant… « Et d'ailleurs, n'était-ce pas pour m'occuper d'eux que je vivrais loin de ceux qui se plaindraient de ne pas me voir, pour m'occuper d'eux plus à fond que je n'aurais pu le faire avec eux [...] ? » écrit le narrateur du *Temps retrouvé* au moment de se mettre au travail. Non pas pour *se souvenir* d'eux, mais pour les « révéler à eux-mêmes », pour leur montrer, grâce à ce grand instrument d'optique qu'est l'œuvre, ce qu'est leur propre vérité, pour leur donner vie, tout simplement. « [...] cent personnages de romans, mille idées me demandent de leur donner un corps comme ces ombres qui demandent dans *L'Odyssée* à Ulysse de leur faire boire un peu de sang pour les mener à la vie et que le héros écarte de son épée », écrit Proust en 1902 dans une lettre à Antoine Bibesco, à un moment où il semble s'être détourné de la voie romanesque.

Cette singularité du destin de Proust, c'est aussi celle du renversement de toutes choses que représente sa vie : écrire la nuit, ne plus sortir, ne plus manger, accepter la maladie, et surtout les chagrins, « serviteurs obscurs, détestés, contre lesquels on lutte, sous l'empire de qui on tombe de plus en plus, [...] serviteurs atroces, impossibles à remplacer et qui par des voies souterraines nous mènent à la vérité et à la mort » (*Le Temps retrouvé*). Et ainsi Proust entre-t-il dans cette famille des grands créateurs souffrant d'une maladie ou d'un vice, qu'il cite si souvent, et à qui il semble s'identifier : « ivrognerie d'un Musset ou d'un Verlaine », « perversions d'un Baudelaire ou d'un Rimbaud, voire d'un Wagner », « épilepsie d'un Flaubert »…

Mais tout ceci n'est pas vain : si « la durée éternelle n'est pas plus promise aux œuvres qu'aux hommes » (*Le Temps retrouvé*), tout ceci a abouti à un livre, un livre tellement nouveau qu'il a mis des dizaines d'années à conquérir vraiment son public. Car sans doute, comme tout créateur, Proust bouleverse les lois du genre : il est celui qui, à la charnière du XIXe et du XXe siècle, détruit le roman traditionnel, ses décors, ses personnages, son intrigue, son écriture. Et pourtant, *À la recherche du temps perdu* est une des œuvres les plus profondément « romanesques » qui existent, pleine de rencontres, de découvertes, de surprises, d'histoires emboîtées. Aussi son caractère novateur a-t-il pu paraître, au lecteur pressé, moins radical que certaines expérimentations de ce XXe siècle. Mais c'est bien Proust qui, l'un des premiers, crée une œuvre qui définit ses propres principes : rupture radicale entre la vie de l'auteur et son œuvre, dévalorisation du sujet de l'œuvre au profit du regard de l'artiste, refus de tout réalisme, conception de l'œuvre comme un tout organique et comme une structure, prééminence de la sensibilité sur l'intelligence. Et ces principes que le lecteur rencontre à tout moment, vers lesquels il est obligé de se tourner lorsque l'intrigue tel épisode, tel détail apparemment isolé, tel écho, ce sont ceux de l'art moderne.

La vie
de Marcel Proust

Raconter la vie de Proust, ce serait s'exposer à tomber sous le coup de la critique qu'il adresse à Sainte-Beuve, de confondre la vie et l'œuvre, si, précisément, cette vie ne se réduisait pas, petit à petit, à son œuvre. Et on peut dire de lui ce qu'il écrivait de Ruskin, que « les événements de sa vie sont intellectuels et les dates importantes sont celles où il pénètre une nouvelle forme d'art » (Préface à *La Bible d'Amiens*). Quant aux quelques faits marquants de la vie de Proust, on les retrouvera sans doute, dans *À la recherche du temps perdu* mais tellement transformés, investis d'une telle charge poétique et dramatique que connaître cette vie n'« explique » décidément rien sur son œuvre.

Paradis perdu (1871-1905)

Marcel Proust est né en 1871 à Auteuil, où sa mère s'est réfugiée pendant la Commune de Paris. Son père est un médecin connu, issu d'un milieu de petits épiciers, d'Illiers, sa mère appartient à la haute bourgeoisie juive. Ses parents s'installent à Paris, boulevard Malesherbes, peu de temps après la naissance, en 1873, de son frère Robert. La famille va passer ses vacances à Illiers, jusqu'à la première crise d'asthme de Marcel Proust, qui s'est montré, depuis sa naissance, fragile et sensible.

En 1882, il entre au lycée Condorcet. Il se montre en général un excellent élève, mais sa scolarité est très perturbée par ses crises d'asthme. Il se lie avec Daniel Halévy, Jacques Bizet, fils du compositeur et de Mme Straus, qui deviendra plus tard une grande amie de Proust. Vers 1887, aux Champs-Élysées, il joue avec Marie Bénardaky, qu'il appellera plus tard l'un des « deux grands amours » de sa vie. Mais il fait également des propositions amoureuses à Halévy et Bizet. Il refuse d'être appelé « pédéraste » : c'est pour lui la « fleur » de la jeunesse. Il collabore, avec des camarades de Condorcet, à diverses revues. En 1889, il est bachelier. Il s'engage aussitôt après pour un an de service militaire, le volontariat permettant de faire un service plus court. Cette année, passée à Orléans, lui

5

laissera de très bons souvenirs. Pendant son service, sa grand-mère maternelle meurt d'une crise d'urémie. Il commence en 1890 des études de droit et de sciences politiques.

Il publie ses premiers textes dans la revue fondée avec ses amis de Condorcet, *Le Banquet*, dans la *Revue blanche*, revue symboliste. Il commence également à fréquenter les milieux mondains, chez Alphonse Daudet et Anatole France. Il est présenté à Robert de Montesquiou. En 1894, il rencontre Reynaldo Hahn, à qui le lie, pendant deux ans, un amour partagé, puis une fidèle amitié. En 1895 commence l'affaire Dreyfus. Trois ans plus tard, après la parution de «J'accuse» par Émile Zola dans *L'Aurore*, une première pétition d'intellectuels en faveur de la révision paraît : elle sera signée par Proust, qui a obtenu la signature d'Anatole France, et qui devient un dreyfusard passionné.

Tandis que sa vie mondaine se poursuit, et tout en continuant à écrire des textes dont la plupart seront repris dans *Les Plaisirs et les Jours*, Proust tente de se conformer au souhait de ses parents de le voir adopter une «situation» stable. Car les conflits sont fréquents, notamment avec son père qui lui reproche d'être trop insouciant et dépensier. Après une licence de lettres, il est nommé en 1895 attaché à la bibliothèque Mazarine. Mais il sollicite aussitôt un congé. Cette même année, il commence *Jean Santeuil* pendant un séjour en Bretagne avec Reynaldo Hahn.

En 1896 sont publiés *Les Plaisirs et les Jours* dans une édition luxueuse qui se vend mal. Proust continue à travailler à *Jean Santeuil*, à lire, curieux de tout. Il découvre Ruskin en 1897. Peu à peu, il se détache de son roman, et commence à traduire Ruskin, aidé par sa mère et une cousine anglaise de Reynaldo Hahn. C'est la lecture de Ruskin qui lui donne le désir de voir Venise : il s'y rend avec sa mère en 1900, puis seul, la même année. L'année suivante, il voyage avec l'un de ses amis préférés, Bertrand de Fénelon, en Hollande, où il admire notamment *La Vue de Delft* de Vermeer. Il voyage également en France, continue à écrire des salons. Balzac, Stendhal, Baudelaire, Tolstoï, Dostoïevski sont désormais ses écrivains de prédilection. En 1903, peu de temps avant la parution de *La Bible d'Amiens*, qui lui sera dédiée, le père de Proust est frappé d'une hémorragie cérébrale en donnant un cours. Proust est accablé, car il a toujours eu l'impression de décevoir son père ; il poursuit justement son œuvre de traducteur, encouragé par sa mère, et prépare *Sésame et les Lys*. Mais, en 1905, alors qu'il accompagne sa mère à Évian, celle-ci est frappée d'une crise d'urémie, comme sa propre mère. Proust la ramène à Paris, elle a perdu l'usage de la parole. À sa mort, l'écrivain est anéanti. Il dira plus tard à Céleste Albaret que sa mère, en mourant, « a emmené son petit Marcel avec elle » (Céleste Albaret, *Monsieur Proust*). C'est la véritable fin de l'enfance.

La réclusion salvatrice (1906-1913)

Après un bref séjour dans une maison de santé, obligé de quitter l'appartement de la rue de Courcelles où ses parents s'étaient récemment installés, il choisit de vivre boulevard Haussmann, dans un appartement ayant appartenu à son oncle, parce que sa mère l'a connu. *Sésame et les Lys* sont publiés en 1906. Proust, apparemment, ne s'occupe plus que d'articles, de comptes rendus. Pourtant, il commence à songer à une étude sur Sainte-Beuve, qu'il évoque dans sa correspondance, de même qu'il évoque le désir renaissant de faire une œuvre. De plus en plus malade, il s'enferme chez lui, voit moins de monde. Mais en 1907, il fait le premier de ses séjours à Cabourg, sur la côte normande (recommandée pour son asthme), où il reviendra pendant sept ans, jusqu'à la guerre. C'est là qu'il rencontre Alfred Agostinelli, qui lui sert de chauffeur et avec qui il visite les environs en automobile.

C'est à partir de 1908 que le projet sur Sainte-Beuve se précise. Tandis qu'il prouve sa maîtrise de la littérature française par une série de pastiches publiés dans *Le Figaro*, il écrit le premier carnet de ce qui sera la *Recherche*. Désormais, les carnets, les cahiers, les notes éparses vont s'accumuler. En 1909, le projet de livre critique est devenu un roman, qu'il propose au Mercure de France. Le résumé qu'il en donne dans une lettre montre qu'il ressemble déjà beaucoup à la *Recherche*. Mais sur ce résumé, le livre est refusé. C'est l'occasion pour Proust de continuer à l'enrichir, d'y introduire des épisodes nouveaux. Le livre est de nouveau refusé en 1910. Une nouvelle version est prête en 1911. La véritable conclusion de l'œuvre, autrefois un exposé sur l'esthétique, a pris une forme romanesque, est devenue la matinée Guermantes. Proust pourra à bon droit affirmer qu'il a écrit en même temps le début et la fin de la *Recherche*, et tout « l'entre-deux » ensuite. L'année suivante, Proust s'épuise à chercher un éditeur : à ce moment-là, son œuvre s'appelle *Les Intermittences du cœur*, avec deux volumes, *Le Temps perdu* et *Le Temps retrouvé*. Il le propose à Fasquelle, qui le refuse, puis par l'intermédiaire de son ami Bibesco, à la NRF, qui le refuse également. André Gide est sans doute responsable de ce refus. Selon Proust, son manuscrit n'a même jamais été ouvert. Un troisième éditeur, Ollendorf, ayant refusé son livre, Proust finit par le proposer à compte d'auteur à Grasset. C'est à ce moment-là qu'il adopte le titre d'*À la recher-*

che du temps perdu. Le tome I, *Du côté de chez Swann*, paraît à la fin de l'année, mais, trop long, doit être amputé de ce qui est aujourd'hui le début d'*À l'ombre des jeunes filles en fleurs*. À ce moment-là, Proust prévoit pour la suite de son œuvre les volumes suivants : tome II, *Le Côté de Guermantes* (qui rassemble des parties d'*À l'ombre des jeunes filles en fleurs* et du *Côté de Guermantes* tels qu'ils se présentent aujourd'hui), tome III, *Le Temps retrouvé* qui regroupe la plus grande partie du *Sodome et Gomorrhe* et du *Temps retrouvé* actuels. On ne trouve trace, ni de *La Prisonnière* ni d'*Albertine disparue*, bien que Proust ait prévu pour son héros une intrigue avec une jeune fille au bord de la mer, qui s'appelle Albertine.

Mais c'est aussi cette année-là que se joue un drame secret dans la vie de Proust. Agostinelli, qu'il avait employé autrefois, vient lui demander une place. Proust l'engage comme secrétaire, et l'installe chez lui avec sa compagne. Cette vie commune est brusquement interrompue par le départ du couple. Agostinelli désire apprendre à piloter. Proust essaie de le faire revenir par un ami, moyennant finances, en vain. À ce même ami, Proust recommande le secret sur cette affaire, car il craindrait qu'on y voie quelque chose de « pédérastique ». Sa douleur ne l'empêche pas de prêter attention aux critiques sur *Du côté de chez Swann* qui sont, à quelques exceptions près, sévères, et d'y répondre parfois, dans des lettres précieuses qui dévoilent la structure de l'œuvre.

La dévotion à l'œuvre (1914-1922)

C'est à ce moment-là que se produit le second grand drame de la vie de Proust. Agostinelli, qui s'est inscrit à un club de pilotage sous le nom de « Marcel Swann », se noie après un accident d'avion. La douleur de Proust est immense. Il écrira plus tard : « J'ai su ce que c'était, chaque fois que je montais en taxi, d'espérer de tout mon cœur que l'autobus qui venait allait m'écraser » (lettre à Lucien Daudet de novembre 1914), et avouera à Reynaldo Hahn : « J'aimais vraiment Alfred. » Mais il n'éprouve pas de sentiment de devoir à son égard car Agostinelli « avait très mal agi avec [lui] » (lettre à Reynaldo Hahn d'octobre 1914).

Sous le coup du chagrin, il rédige un premier état de *La Prisonnière* et d'*Albertine disparue* tout en s'occupant des épreuves de ce qui aurait dû être le tome II de son œuvre. Il publie également, sur la demande de Jacques Rivière, devenu directeur de *La Nouvelle Revue française*, des extraits de la suite de son œuvre. C'est le début d'une grande amitié entre les deux hommes. Jacques Rivière est le seul à avoir compris, à cette époque, la construction voilée d'*À la recherche du temps perdu*. Il fait des reproches furieux à la NRF, qui a refusé le livre. Quant à Gide, il avoue sa honte et son erreur : il prenait Proust pour un mondain.

Avec la guerre, une nouvelle période s'ouvre dans la vie de Proust. Son deuil individuel, très vite, va se fondre dans les malheurs de la guerre : il ne cessera plus de perdre des amis, dont Fénelon. Aucun des secrétaires qu'il engagera par la suite ne semble avoir joué un rôle dans sa vie sentimentale. Plus que jamais, c'est l'œuvre seule qui compte.

Mais dans le grand appartement du boulevard Haussmann, Proust n'est pas seul : en 1913, son chauffeur, Odilon Albaret, a épousé Céleste Gineste, une jeune campagnarde. Celle-ci avait pris l'habitude, avant la guerre, de venir porter le courrier de Proust. À la mobilisation, Proust lui demande de s'installer chez lui, malgré « l'inconvenance » d'une telle situation. C'est le début d'une profonde affection réciproque. Témoin précieux des années les plus importantes de la vie de Proust, Céleste ne sera pas une simple gouvernante. Malgré son manque d'instruction, elle devient une servante fidèle de l'œuvre. C'est elle qui classe les feuilles volantes, qui invente le système des « becquets », permettant d'ajouter d'immenses additions collées sur les pages déjà écrites. Elle devient la confidente de Proust, dont elle adopte le rythme particulier, et celui-ci lui fait, chaque fois qu'il revient d'une sortie, le récit qu'il n'a pas encore écrit. Ainsi lui raconte-t-il, par exemple, comment il a assisté à une flagellation, dans une maison de passe qui servira de modèle pour celle de Jupien, « parce qu'on ne peut l'inventer ». Selon Antoine Bibesco, Proust n'a jamais aimé que deux personnes dans sa vie, sa mère et Céleste. Il lui rend hommage dans *Sodome et Gomorrhe* (Céleste et Marie Gineste, sa sœur, les deux « courrières » de Balbec), et dans *La Prisonnière*, et lui emprunte des traits pour compléter le personnage de Françoise dans *Le Temps retrouvé*, lorsque celle-ci aide le narrateur dans sa tâche.

Dans cette nouvelle solitude, Proust va donc écrire des pans entiers de l'œuvre : entre 1915-1916 des ajouts pour tous les volumes à paraître, et surtout *Sodome et Gomorrhe*, *La Prisonnière*, *Albertine disparue*, et *Le Temps retrouvé*. De plus, il peut enfin prévoir la publication de la suite de l'œuvre. Cédant aux instances de Gide, qui se repent amèrement de son erreur, il accepte de faire des démarches auprès de Grasset pour reprendre sa liberté. Proust a enfin obtenu ce qu'il avait souhaité : paraître à la NRF, dans une maison où l'on pourrait comprendre son œuvre ; ainsi, une nouvelle édition de *Du côté de chez Swann* est-elle préparée. En 1917-1919, il corrige les épreuves d'*À l'ombre des jeunes filles en fleurs*.

Parallèlement se nouent de nouvelles amitiés : avec Jean Cocteau, avec Paul Morand et sa future femme, la princesse Soutzo, avec Walter Berry, un Américain admirateur de son œuvre. Mais il sort très peu : il reçoit ses visiteurs pendant la nuit, au chevet de son lit, ou dîne, très tard, au Ritz, où l'on connaît ses habitudes.

Avec la fin de la guerre, Proust commence une nouvelle carrière, de même que c'est, en quelque sorte, un nouveau roman qui est sorti de ces années de nuit et de silence : en 1918, ce sont cinq volumes qui sont annoncés. Outre *Du côté de chez Swann* et *À l'ombre des jeunes filles en fleurs*, on trouve à présent *Le Côté de Guermantes*, un *Sodome et Gomorrhe I*, qui correspond à l'actuel *Sodome et Gomorrhe*, un *Sodome et Gomorrhe II - Le Temps retrouvé*, qui correspond à toute la fin de l'œuvre. C'est ce dernier volume que Proust va, plus tard, encore scinder en trois, en introduisant les titres *La Prisonnière* et *Albertine disparue*. L'année 1919, où paraissent *À l'ombre des jeunes filles en fleurs* et *Pastiches et Mélanges*, voit donc l'audience de Proust augmenter, sans lui apporter néanmoins le véritable succès. Grâce à l'acharnement de quelques amis, *À l'ombre des jeunes filles en fleurs* reçoit le prix Goncourt. Mais là encore les critiques sont sévères.

Cette année amène également de sérieux bouleversements dans la vie matérielle de Proust : l'appartement qu'il louait est vendu à une banque, il ne pourra plus travailler ; il est obligé de s'installer provisoirement chez l'actrice Réjane, puis dans un appartement lointain du XVIᵉ arrondissement, rue Hamelin. Ces dernières années, les sorties deviennent de plus en plus rares, remplacées par une correspondance incessante, qui est une explication et une défense de son livre. Certains événements vont encore lui servir pour l'œuvre. En 1921, il visite une exposition de peinture hollandaise, et revoit *La Vue de Delft*, qui sera utilisée pour la mort de Bergotte – passage auquel il ajoutera d'ultimes corrections à la veille de sa propre mort.

Au début de 1922, il a annoncé à Céleste qu'il avait mis le mot « fin » à son œuvre : « Maintenant, je peux mourir. » En fait, les deux dernières années se passent, outre la rédaction de quelques articles importants de critique littéraire, dans des corrections incessantes des volumes à publier. En novembre 1922, il est atteint d'une simple grippe : mais il refuse de se soigner, et la grippe se transforme, dans l'appartement glacé de la rue Hamelin, en pneumonie. Il meurt le 18 novembre, à cinquante et un ans.

VIE ET ŒUVRE DE MARCEL PROUST	CONTEXTE POLITIQUE, SOCIAL ET CULTUREL
1870 Mariage d'Adrien Proust et de Jeanne Weil.	1870 Déclaration de guerre à la Prusse (19 juillet). Défaite de Sedan (2 septembre). Proclamation de la République (4 septembre).
1871 Naissance de Marcel Proust à Auteuil (10 juillet).	1871 Commune de Paris (18 mars-18 mai).
1873 Naissance de son frère Robert.	1873 Rimbaud, *Une saison en enfer*.
	1874 Première exposition des impression-nistes.
	1870 Élection de Jules Grévy comme pré-sident de la République.
	1880 Verlaine, *Sagesse*. Dostoïevski, *Les Frères Karamazov*.
1881 Première crise d'asthme.	
1882 → 1889 Scolarité au lycée Condorcet.	1882 Wagner, *Parsifal*.
	1883 Nietzsche, *Ainsi parlait Zarathoustra*.
	1885 Zola, *Germinal*.
	1886 Tolstoï, *La Mort d'Ivan Illitch*.
1889 → 1890 Service militaire à Orléans. Puis s'inscrit en faculté de droit et à l'Institut de sciences politiques.	1889 Affaire Boulanger. Claudel, *Tête d'or*.
1894 Rencontre Reynaldo Hahn.	1894 Premier procès Dreyfus.
1895 Licence de lettres. Attaché à la bibliothèque Mazarine, se fait mettre en congé. Commence à écrire *Jean Santeuil*.	
1896 *Les Plaisirs et les Jours*.	
	1897 Bergson, *Matière et Mémoire*. Gide, *Les Nourritures terrestres*.
1898 Signe une pétition en faveur de la révision du procès Dreyfus.	1898 Procès Zola.

VIE ET ŒUVRE DE MARCEL PROUST	CONTEXTE POLITIQUE, SOCIAL ET CULTUREL
1899 Commence à traduire *La Bible d'Amiens* de Ruskin.	1899 Dreyfus est grâcié.
1900 Voyages à Venise, avec sa mère, puis seul.	1900 Mort de Ruskin.
1902 Voyage en Hollande.	1902 Debussy, *Pelléas et Mélisande*.
1903 Mort de son père.	
1904 *La Bible d'Amiens*.	
1905 Mort de sa mère.	1905 Séparation de l'Église et de l'État.
1906 *Sésame et Les Lys*.	
1907 Vacances à Cabourg (tous les ans jusqu'en 1914). Rencontre Agostinelli qui devient son chauffeur.	
1908 Publication de divers pastiches. Commence à écrire *Contre Sainte-Beuve*.	1908 Création de la NRF.
1909 Propose son roman au Mercure de France. Le manuscrit est refusé.	
1910 → 1911 Continue à travailler à son manuscrit, qui grossit de plus en plus.	1910 Début des « Ballets russes ».
1912 Propose une nouvelle version à Fasquelle. Refus. Refus de la NRF.	
1913 Refus de la maison Ollendorf. Grasset accepte de le publier à compte d'auteur. Agostinelli entre à son service et disparaît quelques mois plus tard, parti faire de l'aviation sur la Côte d'Azur. *Du côté de chez Swann* est publié.	1913 Apollinaire, *Alcools*. Alain-Fournier, *Le Grand Meaulnes*.
1914 Agostinelli meurt noyé à la suite d'un accident d'avion. Proust engage Céleste Albaret, qui s'installe chez lui comme femme de chambre après la déclaration de guerre. Il commence à rédiger ce qui sera *La Prisonnière* et *Albertine disparue*.	1914 Déclaration de guerre.

VIE ET ŒUVRE DE MARCEL PROUST	CONTEXTE POLITIQUE, SOCIAL ET CULTUREL
1916 Gallimard rachète les droits de la publication de la *Recherche* à Grasset.	
	1917 Révolution russe.
	1918 Armistice.
1919 *À l'ombre des jeunes filles en fleurs*. Prix Goncourt. *Pastiches et Mélanges*. Deux déménagements.	
1920 *Le Côté de Guermantes I*.	
1921 *Le Côté de Guermantes II*. *Sodome et Gomorrhe I*.	1921 Paul Morand, *Tendres Stocks*.
1922 *Sodome et Gomorrhe II*. Meurt d'une pneumonie.	1922 Joyce, *Ulysse*.
1923 *La Prisonnière*.	
1925 *Albertine disparue*.	
1927 *Le Temps retrouvé*.	
1952 *Jean Santeuil*.	
1954 *Contre Sainte-Beuve*.	

Marcel Proust sortant de l'exposition Veermer, en 1921.
Une de ses dernières sorties avant sa mort.

Synthèse générale

HÉRITAGES

La modernité de Proust n'apparaît jamais aussi clairement que lorsqu'on essaie de reconstituer la lente évolution qui le mène de l'héritage du passé à la conception d'*À la recherche du temps perdu*. Ce passé, c'est d'abord un XIXe siècle dont il doit se dégager. C'est ainsi que *Les Plaisirs et les Jours* représentent dans son itinéraire une œuvre de «jeunesse» mais aussi l'héritage de ses aînés. Héritage symboliste, fin de siècle, qui se marque dans le choix des thèmes : sentiments troubles et délicats, mondanité, goût pour l'automne ou pour la brume ; mais surtout dans le style : l'écriture de Proust est encore «artiste», trop chargée d'images et de qualificatifs rares. Elle se dégagera peu à peu, encore insatisfaisante dans *Jean Santeuil*, resté inachevé, jusqu'aux «anneaux du beau style» de la *Recherche*, fondé sur la métaphore, mais aussi sur la précision du terme, la fermeté de la phrase étagée selon un rythme rigoureux.

Mais l'héritage du XIXe siècle est aussi un héritage accepté, nécessaire. C'est celui des grands romanciers encore tout proches : Stendhal, Flaubert, et surtout Balzac, ceux que Proust va défendre dans *Contre Sainte-Beuve*. Dans cette «comédie humaine» qu'est aussi la *Recherche*, les hommages à Balzac abondent : explicites lorsque le narrateur admire l'idée de génie du retour des personnages, qui s'applique bien sûr aux différents volumes de la *Recherche*, lorsqu'il pastiche aussi les fameux «Voici pourquoi» par lesquels Balzac a coutume d'expliquer l'évolution de ses personnages. La leçon de Balzac est parfois plus secrète : la technique qui consiste à donner à chaque personnage son langage, celle des grandes scènes mondaines aussi, et des personnages comme Charlus, inspiré par Vautrin… Mais Flaubert lui apprend l'importance de la syntaxe, du jeu des temps, Stendhal lui permet de construire sa propre théorie de l'amour…

Cet héritage peut être plus lointain : à la fin du *Temps retrouvé*, le narrateur évoque les deux livres qu'il a tant aimés, et qu'il espère, sans l'avoir cherché, refaire à sa façon : les *Mémoires* de Saint-Simon et *Les Mille et*

Une Nuits. Du mémorialiste de la cour de Louis XIV, Proust n'hérite pas seulement le goût pour les généalogies, pour l'histoire des grandes familles, mais surtout une réflexion sur la société et ses évolutions, sur ce que Saint-Simon appelait la « mécanique » de la Cour, et qui régit d'autres milieux, organisés en autant de petites cours : la duchesse de Guermantes et le baron de Charlus dont tous les faits et gestes sont commentés et imités, sont les souverains du Faubourg Saint-Germain, mais la vieille tante Léonie, dans sa chambre à Combray, est l'objet d'une attention aussi maniaque de la part de sa vieille servante Françoise. De plus, Saint-Simon représente aussi un défi : évoquant sans cesse l'esprit particulier de la prestigieuse famille des Mortemart, il n'en donne jamais d'exemples. Proust, lui, va créer l'esprit des Guermantes, dont la duchesse est la représentante la plus accomplie : ses mots d'esprit, ses plaisanteries, il ira les chercher dans la réalité de son temps, non chez une aristocrate, mais chez une grande bourgeoise, Mme Straus, la mère de son camarade de lycée Jacques Bizet.

Mais voisinant avec cet héritage de la tradition française, dont on trouvera encore bien des exemples, il y a dans la *Recherche* un côté de la littérature étrangère, qui est celui de l'aventure, de l'extraordinaire, de l'exotisme, le côté des *Mille et Une Nuits* qui est aussi celui des romans de Stevenson, liés aux découvertes de l'enfance, de ceux de Dostoïevski, qui offrent à l'écrivain le modèle de l'étrangeté.

Énumérer ces héritages variés, choisis parmi tant d'autres, ce n'est pas méconnaître l'originalité absolue de Proust : c'est comprendre les tours et les détours grâce auxquels s'est forgée l'écriture proustienne. Cet apprentissage de l'écriture passe aussi par la réflexion critique : les articles, les pastiches, et bien sûr les traductions de Ruskin, le contact avec une autre langue, sont autant de jalons qui mènent vers l'œuvre unique.

UNE ŒUVRE MULTIPLE

Œuvre unique, puisque « les grands littérateurs n'ont jamais fait qu'une seule œuvre » (*La Prisonnière*), et pourtant œuvre multiple. La richesse de l'œuvre, qui a suscité tant de critiques à l'époque de Proust parce qu'elle apparaissait comme un chaos, vient de la multiplicité des expériences qu'elle contient.

Multiplicité des destins individuels : il suffit de consulter l'index des personnages dans l'édition de la Pléiade de la *Recherche* pour s'apercevoir, non seulement de leur nombre, mais aussi de la précision des détails donnés à leur sujet. La *Recherche* fourmille ainsi, sur le modèle du roman russe qu'admirait tant Proust, celui de Tolstoï et de Dostoïevski, de personnages secondaires au destin à peine esquissé, comme Saniette, la princesse de Parme ou Eulalie, et même de personnages anonymes, qui apparaissent le temps d'une scène ou d'une allusion : tel domestique des parents du narrateur, ravi de déménager parce qu'il a l'impression de prendre des vacances (*Le Côté de Guermantes I*), tel gros monsieur qui cherche à grossir davantage pour échapper à l'armée (*Albertine disparue*)..., autant de silhouettes qui traversent l'œuvre et viennent ajouter à l'impression de foisonnement déjà fournie par l'existence de plusieurs « clans » ou de familles : outre le petit monde de Combray, le clan des Verdurin avec leurs fidèles, celui des Guermantes avec leurs innombrables cousins et amis, la « petite bande » des jeunes filles, amies d'Albertine et du narrateur...

Multiplicité, aussi, des illusions humaines, dont la vanité fait l'objet d'une démonstration implacable. Vanité des voyages : le narrateur est aussi déçu par Balbec que par Venise, parce qu'il attendait, au lieu d'un pays réel, un nom immatériel, coloré par la littérature et la rêverie. Vanité de l'amour, car il n'est que la projection d'un désir sur un être inexistant, qui nous échappe toujours. L'amour n'est intéressant, au fond, que quand il est douloureux – et il est toujours douloureux – par la vivacité des sensations qu'il suscite, par le besoin de trouver une vérité, de déchiffrer des signes incompréhensibles, qu'il réveille. Mais il ne fait accéder à aucune vérité supérieure, il n'est pas l'absolu vers lequel doit tendre toute l'expérience humaine comme le croyaient les romantiques.

Mais cet absolu, est-ce l'art ? Au bout de l'itinéraire du narrateur, à la fin du *Temps retrouvé*, l'art lui-même semble inutile. Comme le montre l'épisode du *Journal* des Goncourt pastiché par le narrateur, qui présente les Verdurin comme des esthètes raffinés là où le narrateur avait vu des imbéciles, la littérature est un regard subjectif, elle ne semble apporter aucune vérité. Plus grave encore, c'est la sensibilité même qui semble silencieuse. Regardant la route depuis le train qui le ramène vers Paris après une longue absence, le narrateur se croit mort spirituellement : « Arbres, pensai-je, vous n'avez plus rien à me dire, mon cœur refroidi ne vous entend plus. Je suis pourtant ici en pleine nature, eh bien, c'est avec froideur, avec ennui que mes yeux constatent la ligne qui sépare votre front lumineux de votre tronc d'ombre. Si j'ai jamais pu me croire poète, je sais maintenant que je ne le suis pas. »

UNE RECHERCHE DE LA VÉRITÉ

Ce scepticisme désenchanté serait-il le dernier mot de l'œuvre ? En réalité, à cet aspect négateur, voire nihiliste, qui a si longtemps frappé la critique, s'oppose la « vérité » que Proust veut mettre en évidence, sans quoi il ne prendrait pas, « malade comme [il l'est], la peine d'écrire » (lettre à Jacques Rivière du 6 février 1914) : l'unité du moi, retrouvée par l'intermédiaire de la mémoire involontaire, contre l'éparpillement et la dissolution de tous les états de conscience. Qu'est-ce que la mémoire involontaire ? On peut aussi l'appeler mémoire affective, par opposition avec la mémoire intellectuelle : lorsque le narrateur essaie de se souvenir de son passé, de manière volontaire, avec son intelligence, il ne retrouve rien de ce qu'il a vraiment vécu, seulement cette impression de vie desséchée, sans beauté, qu'il éprouve devant les arbres du chemin. Mais lorsque, par hasard, à la faveur d'un parfum, d'une saveur, d'un son ou d'une image, il retrouve dans une sensation présente une sensation passée, alors, c'est la substance même du passé qui est sauvée, qui est ressuscitée, lui donnant par là même l'impression que le moi échappe au temps.

Proust n'est pas le premier à avoir décrit ce type d'expériences : Chateaubriand, dans les *Mémoires d'outre-tombe*, Nerval dans *Sylvie*, Baudelaire dans *Les Fleurs du mal*, tous trois cités dans *Le Temps retrouvé*, d'autres écrivains, que Proust ne connaissait pas, ont évoqué cette résurrection inattendue d'un passé oublié. L'originalité de Proust est d'avoir cherché à expliquer ce phénomène, et surtout d'en avoir fait le fondement de l'œuvre. Non que l'œuvre doive nécessairement être consacrée à l'exploration de son passé : mais le choc que constitue la résurrection de sensations et d'impressions oblige le créateur à approfondir celles-ci. Car, à côté des expériences de mémoire involontaire, et même plus importantes, se trouve dans la *Recherche* ce que le narrateur appelle les « impressions obscures » qui obligent le créateur à faire un effort d'éclaircissement qui débouche sur l'expression littéraire. Dès lors, on comprend la fonction de l'art, seul moyen de fixer tout à la fois les instants poétiques de révélation et les extases de la mémoire, et la force du temps qui menace ces révélations. Mais avant d'en arriver là, le narrateur a dû passer par un itinéraire douloureux, et c'est pourquoi tant d'épisodes de la *Recherche* ne prennent leur véritable sens que tout à la fin.

VALEUR DES SIGNES

L'itinéraire qui mène à la révélation finale apparaît donc rétrospectivement ponctué de signes organisés selon une hiérarchie secrète, dont chacun était un avertissement et un appel à se mettre à l'œuvre. Mais cet itinéraire est, jusqu'au miracle du *Temps retrouvé*, vécu par le narrateur comme une série d'échecs. Tous ces signes, que ce soient la raison profonde du bonheur procuré par la madeleine ou le secret dissimulé par les aubépines, restent non élucidés, excepté lors de l'épisode des clochers de Martinville dans *Du côté de chez Swann* qui, s'il se termine sur une note burlesque – le narrateur se mettant, après avoir écrit son poème en prose, à chanter comme une poule qui vient de «pondre un œuf» –, laisse néanmoins entrevoir que c'est la littérature qui se cache derrière ces clochers, le plaisir d'une «jolie phrase». Mais cet épisode n'est qu'un jalon discret, qui n'a pas de suite immédiate dans la *Recherche*. Il est même suivi, dans l'ordre du roman, d'un des échecs les plus troublants, celui des arbres d'Hudimesnil, celui qui ne sera jamais élucidé. Le secret des trois arbres qui, dans *À l'ombre des jeunes filles en fleurs*, tendent leurs «bras désespérés» vers le narrateur, est le seul qui ne soit pas éclairé par la révélation finale : «[...] si dans la suite je retrouvai le genre de plaisir et d'inquiétude que je venais de sentir encore une fois, et si un soir – trop tard, mais pour toujours – je m'attachai à lui, de ces arbres eux-mêmes, en revanche, je ne sus jamais ce qu'ils avaient voulu m'apporter ni où je les avais vus.»

Il est d'autres signes dans l'itinéraire du narrateur, auxquels Proust, dans l'ordre de la *Recherche*, confère la valeur d'un encouragement, voire d'un appel : ce sont les signes de l'art eux-mêmes, sur la réalité desquels le narrateur s'interroge surtout dans *La Prisonnière*. C'est la musique de Vinteuil, en particulier, qui suscite cette interrogation, parce qu'elle fait justement ressentir des impressions qui sont rattachées, par leur profondeur, aux précédentes : «Ainsi rien ne ressemblait plus qu'une belle phrase de Vinteuil à ce plaisir particulier que j'avais quelquefois éprouvé dans ma vie, par exemple devant les clochers de Martinville, certains arbres d'une route de Balbec ou plus simplement, au début de cet ouvrage, en buvant une tasse de thé.»

Cependant, ce n'est pas la découverte des signes de l'art qui est à l'origine de la révélation du *Temps retrouvé* et qui incite le narrateur à se mettre enfin au travail. Malgré leur importance, les autres œuvres d'art ne sont qu'un appel à créer, un modèle, elles ne peuvent suffire à éveiller la vocation.

Que signifie dans ces conditions la formule célèbre : « La vraie vie, la vie enfin découverte et éclaircie, la seule vie par conséquent pleinement vécue, c'est la littérature » (*Le Temps retrouvé*) ? Il ne s'agit pas tant, ici, de cette opposition entre l'art et la réalité qui court tout au long de la *Recherche*, que de l'accès, grâce à l'art, à une vie qui cesse d'être diminuée, amoindrie, pour prendre, comme Combray sorti de la tasse de thé, « forme et solidité ». Il y a, certes, une vie en dehors de l'art, mais elle est étriquée, réduite à une dimension. C'est pourquoi la phrase qui suit cette formule mérite aussi d'être citée : « Cette vie qui, en un sens, habite à chaque instant chez tous les hommes aussi bien que chez l'artiste. Mais ils ne la voient pas parce qu'ils ne cherchent pas à l'éclaircir. »

L'art n'est pas seulement la vraie vie au sens où seul vaudrait le destin de l'artiste, ou que la vie ne se vivrait que dans l'art, mais parce que l'art apprend à voir la vraie vie et que le travail de l'artiste est opposé à celui de la vie courante, qui ensevelit tout sous la monotonie de l'habitude. À l'« art "soi-disant vécu" », Proust répond donc par l'art « véritable » : « La grandeur de l'art véritable, au contraire de celui que M. de Norpois eût appelé un jeu de dilettante, c'était de retrouver, de ressaisir, de nous faire connaître cette réalité loin de laquelle nous vivons, de laquelle nous nous écartons de plus en plus au fur et à mesure que prend plus d'épaisseur et d'imperméabilité la connaissance conventionnelle que nous lui substituons, cette réalité que nous risquerions fort de mourir sans avoir connue, et qui est tout simplement notre vie » (*Le Temps retrouvé*). Alors que la vie quotidienne fige et éloigne de la réalité, l'art véritable restitue le mouvement même de la vie. C'est à l'écrivain de détruire les significations conventionnelles par un effort d'expression : « Et sans doute c'était une grande tentation que de recréer la vraie vie, de rajeunir les impressions. Mais il y fallait du courage de tout genre, et même sentimental. Car c'était avant tout abroger ses plus chères illusions, cesser de croire à l'objectivité de ce qu'on a élaboré soi-même, et au lieu de se bercer une centième fois de ces mots : "Elle était bien gentille", lire au travers : "J'avais du plaisir à l'embrasser." »

L'ŒUVRE CATHÉDRALE

Mais cette vérité, Proust n'a pas choisi de l'exposer de façon abstraite. Il a choisi de la faire de la façon la plus romanesque, mais aussi de telle sorte que le détail le plus insignifiant, le plus anecdotique semble-t-il, va venir se placer dans la construction. Proust n'a cessé d'insister sur ce point. C'est la valeur de la célèbre image de l'œuvre cathédrale, qu'il évoque dans l'une de ses lettres, où il répond à l'intuition d'un ami : « [...] vous ne lisez pas seulement le livre imprimé que j'ai publié mais le livre inconnu que j'aurais voulu écrire. [...] c'est que j'avais voulu donner à chaque partie de mon livre le titre : *Porche / Vitraux de l'abside, etc.*, pour répondre d'avance à la critique stupide qu'on me fait du manque de construction dans des livres où je vous montrerai que le seul mérite est dans la solidité des moindres parties. J'ai renoncé tout de suite à ces titres d'architecture parce que je les trouvais trop prétentieux mais je suis touché que vous les retrouviez par une sorte de divination de l'intelligence » (lettre au comte Jean de Gaigneron du 1er août 1919). Dans le même mouvement de modestie, le narrateur du *Temps retrouvé* préfère comparer l'œuvre à une robe. Mais Proust revient constamment sur cette idée de construction, à laquelle précisément, en partie à cause des circonstances de publication de l'œuvre, si peu de critiques ont prêté attention : « Il est pénible, quand on a construit (et je le dis au sens architectural) un ouvrage d'une façon si raisonnée que chaque phrase a sa symétrique, et qu'enfin, à la première phrase du premier volume se superpose la dernière phrase du dernier volume, il est pénible, dis-je, d'en entendre parler comme d'un recueil de souvenirs fortuits [...] » (lettre à Denys Amiel, du début août 1919). Cette construction faite de répliques et de symétries que le narrateur de *La Prisonnière* admire chez Thomas Hardy et Dostoïevski, elle apparaît à travers ces effets d'échos et de répétitions que l'on rencontrera au fil de cette étude : histoires d'amour parallèles, personnages dédoublés, épisodes inversés... « Il y a moins de force dans une innovation artificielle que dans une répétition destinée à suggérer une vérité neuve », écrit le narrateur d'*À l'ombre des jeunes filles en fleurs*, suggérant l'une des lois fondamentales de la *Recherche*.

UNE ŒUVRE AMBIVALENTE

Enfin, si le destin de son créateur, mort d'épuisement à cinquante et un ans, est pathétique, si son principe est austère et certaines de ses pages poignantes, il faut rappeler qu'*À la recherche du temps perdu* est aussi l'un des livres les plus drôles qui soient, parcouru par une voix ironique qui donne du piquant à toute chose. Les analyses du snobisme, de la bêtise, de la cruauté même, sont source des passages les plus comiques, dont certains sont restés célèbres : Françoise égorgeant un poulet, les Verdurin chassant Swann (et comparés, pour leur cruauté, à cette dernière), le directeur de Balbec et ses fautes de langue, ou Cottard et ses calembours lamentables...

Mais, comme par une pudeur, une politesse suprême du créateur chez qui tous les effets sont atténués, même les moments les plus dramatiques de l'œuvre sont, en réalité, accompagnés d'images ou d'épisodes comiques : ainsi, dans *Le Côté de Guermantes II*, pendant l'agonie de la grand-mère, la visite du duc de Guermantes, qui ne comprend pas le chagrin de la mère du narrateur, et qui part en déclarant que celle-ci ne doit pas être «dans son assiette», ou dans *Le Temps retrouvé*, lorsque le narrateur découvre les effets du temps, la proximité de la mort, et que tous les personnages semblent prendre un malin plaisir à le traiter comme un vieillard, le félicitant même d'échapper, grâce à son âge, à une grippe meurtrière. Inversement, certains personnages constamment comiques peuvent acquérir, à la faveur de la souffrance, en devenant des victimes, une sorte de grandeur tragique, tel Brichot, l'universitaire ennuyeux devenu aveugle de chagrin après que Mme Verdurin a brisé son amour, et surtout Charlus, se moquant cruellement de tous, ridicule aussi dans ses moments d'obsession de l'homosexualité, qui revêt, dans sa vieillesse déchue, «la majesté shakespearienne d'un roi Lear» (*Le Temps retrouvé*). Là encore, on retrouve cette variété des tons, cette multiplicité, cette richesse qui est peut-être celle de la «vraie vie».

Les grandes œuvres

PROUST AVANT LA « RECHERCHE »

Si le narrateur de la *Recherche* ne découvre qu'après de longues années de «temps perdu» sa vocation d'écrivain, il faut se garder de pratiquer une lecture biographique de l'œuvre proustienne. En réalité, Proust n'a cessé d'écrire, même si tout ce qu'il a écrit avant la *Recherche* peut apparaître comme une série d'essais ou d'apprentissages imparfaits. Mais la publication récente de très nombreux inédits, d'esquisses en particulier, montre qu'il n'y a presque pas de solution de continuité entre certains textes, certaines analyses présentes dès *Les Plaisirs et les Jours*, et les développements de la *Recherche*, qui ne sont parfois qu'un approfondissement, une expression de plus en plus précise, de plus en plus riche. L'exemple le plus frappant en est l'analyse de la jalousie. Si certains événements vécus par Proust après le commencement de son œuvre sont venus enrichir celle-ci, toutes les analyses futures sont déjà en germe dans la nouvelle «La Fin de la jalousie». Proust est bien, comme tous les écrivains qu'il admire, le créateur d'une œuvre unique. Reste à comprendre comment, de ces essais imparfaits, et souvent abandonnés, est née l'une des plus grandes œuvres du XXe siècle.

Les Plaisirs et les Jours

Le « camélia à la boutonnière »

Proust lui-même a employé cette expression pour désigner cette période de sa jeunesse vouée à la mondanité. De là devait naître le malentendu qui, plus tard, a fait de la *Recherche* le roman d'un mondain. Proust en effet, avec *Les Plaisirs et les Jours*, publié en 1896, avait commencé sa carrière littéraire sous le patronage d'Anatole France et de Madeleine Lemaire : le premier était l'auteur d'une préface élogieuse, la seconde, futur modèle de Mme de Villeparisis et de Mme Verdurin, l'avait illustré. Avec ce livre, ou plutôt ce recueil de textes presque tous publiés auparavant dans de petites revues, Proust devenait très jeune, sinon célèbre, du moins connu : notoriété trop rapide et artificielle, qui a elle aussi donné l'impression de l'œuvre d'un dilettante dont on n'avait plus rien à attendre. Le narrateur de la *Recherche*, bien plus tard, y fera allusion, en l'un de ces passages où il semble se confondre avec le romancier : « J'avais eu de la facilité, jeune, et Bergotte avait trouvé mes pages de collégien "parfaites" » (*Le Temps retrouvé*). Et ses premiers lecteurs – dans l'œuvre et dans la réalité – s'étonnent qu'il n'ait pas simplement persévéré dans cette voie, qu'il ne se soit pas contenté d'appliquer une recette éprouvée.

DESCRIPTIF

Les Plaisirs et les Jours rassemble des textes écrits et publiés entre 1892 et 1895, ce qui explique leur grande diversité. Néanmoins, un certain nombre de textes sont regroupés sous des titres généraux : « Fragments de comédie italienne », une série de portraits des « personnages de la comédie humaine », parfois anonymes, des « snobs » ; « Portraits de peintres et de musiciens », composés de huit poèmes en vers, consacrés à Cuyp, Potter, Watteau et Van Dyck, et à Chopin, Gluck, Schumann et Mozart ; « Les Regrets, rêveries couleur du temps », poèmes en prose évoquant des paysages (« Tuileries », « Versailles »), des impressions ou des sensations, un pastiche de Flaubert, « Mondanité et mélomanie de Bouvard et Pécuchet ». Ces ensembles alternent avec cinq nouvelles :

« La Mort de Baldassare de Silvande, vicomte de Sylvanie » : Baldassare, musicien raté, est malade. On le voit renoncer peu à peu aux joies de l'existence, et accepter de mourir. Un moment, on le croit sauvé : la vie normale le déçoit. Mais ce n'est qu'un sursis : il meurt en revoyant, au son des cloches, toute son enfance.

« Violante ou la mondanité » : Violante, jeune fille restée très tôt orpheline, élevée dans un lointain château à la campagne, entre dans le monde après une déception amoureuse. Elle y connaît tout de suite un succès éclatant, se marie, et remet chaque jour au lendemain l'abandon de cette vie frivole.

« Mélancolique villégiature de Mme de Breyves » : Mme de Breyves, une séduisante jeune femme, refuse de se laisser présenter M. de Laléande. Au moment où elle change d'avis, il part en villégiature. Elle tombe amoureuse de lui, alors qu'elle ne lui trouve aucun charme particulier, et passe l'été à attendre avec impatience son retour.

« La Confession d'une jeune fille » : la narratrice, qui a tenté de se suicider d'un coup de pistolet, et qui attend la mort, revoit sa vie passée. Elle avait de nombreux amants que ses parents ignoraient. Après un effort pour changer de vie, et en l'absence de son fiancé, elle revoit, chez elle, le jeune homme qui a été son initiateur. Alors qu'elle est dans ses bras, elle aperçoit sa mère qui la regarde stupéfaite par la fenêtre et qui tombe, morte.

« La Fin de la jalousie » : Honoré est l'amant de Françoise. Un jour, un ami qui ignore leur liaison se livre à certains sous-entendus grivois sur Françoise, ce qui éveille la jalousie d'Honoré. Dès lors sa vie est changée, bien que rien ne semble justifier cette jalousie. Mais un accident de cheval vient mettre fin à sa vie en même temps qu'à son amour.

COMMENTAIRE

Une œuvre de « lycéen »

Proust lui-même n'a pas manqué de le souligner, avec parfois un peu de coquetterie, en affirmant qu'il avait écrit la plupart des textes qui composent *Les Plaisirs et les Jours* « à quatorze ans » : c'est une œuvre de jeunesse. Proust n'a jamais cessé de renier ce livre, tout en remarquant qu'il était « mieux écrit » que tout ce qu'il ferait par la suite. Mais c'est justement cette écriture qui fait des *Plaisirs* une œuvre trop marquée par son époque : une écriture encore très influencée par le symbolisme et la décadence ou plutôt par ses clichés, une écriture très imagée, mais où les vraies métaphores proustiennes sont encore rares, et où s'épanche une sensibilité un peu mièvre, qui n'est pas encore tempérée, comme elle le sera dans la *Recherche*, par l'ironie. C'est Legrandin, avec ses comparaisons délicates et son goût exclusif pour la nature et certains paysages mélancoliques, qui représente le mieux l'écriture de Proust à cette époque : Proust se pastiche d'autant plus cruellement, à travers le personnage de Legrandin, que chez ce dernier le goût pour la rêverie dissimule en réalité le plus féroce snobisme. Comme si Proust donnait raison, après coup, à ceux des critiques de l'époque qui ironisèrent, comme Jean Lorrain (avec qui Proust s'est battu en duel à cette occasion) sur les relations brillantes du jeune homme – comme un signe, en tout cas, qu'une période de sa vie était bien révolue.

Quant aux essais poétiques, ils sont loin d'être dépourvus d'intérêt, mais ils semblent encore marqués par l'influence de Baudelaire et de Verlaine : ainsi les « Portraits de peintres et de musiciens » sont-ils conçus sur le modèle des « Phares » (*Les Fleurs du mal*) tandis que les poèmes en prose, « Les Regrets, rêveries couleur du temps », apparaissent verlainiens par la thématique et baudelairiens par la forme. À cela doit s'ajouter l'influence de tout le mouvement symboliste et de la prose poétique d'un écrivain comme Anatole France.

Une œuvre déjà formée

Pourtant, on trouve déjà des éléments essentiels, dont certains ne varieront plus. Tout d'abord dans l'écriture : l'organisation du recueil qui regroupe des textes écrits à des périodes très différentes, et aussi bien des textes en prose que des vers, a suscité beaucoup d'interrogations : on y a vu une structure circulaire, justifiée par la présence de la mort en début et en fin de recueil, ou un itinéraire qui va des désillusions du monde et de l'amour aux prestiges de l'art – autrement dit l'itinéraire de la *Recherche*. Ce qui est certain, en tout cas, c'est qu'on y trouve une alternance, ou une coexistence, d'une écriture consacrée à des moments d'extase, à des réminiscences (non théorisées, mais déjà présentes), et des analyses mondaines ou des passages romanesques qui anticipent sur les grandes scènes de la *Recherche* (dans les longues nouvelles ou des textes comme « Un dîner en ville » qui annonce *Le Côté de Guermantes*). Deux thèmes privilégiés s'affirment d'ores et déjà : la mondanité décevante et l'amour douloureux.

Vanité de la mondanité

La critique de la mondanité se fait d'un double point de vue. Proust exploite d'abord la veine satirique : les analyses sont alors plus souvent tributaires des moralistes, comme ces nombreux « portraits » qui sont des hommages à La Bruyère ou à La Rochefoucauld (« Contre une snob »). Mais la satire se double toujours d'une perspective philosophique : la mondanité est condamnée à la lumière de la mort qui rend vaines toutes choses. Ainsi dans « La Mort de Baldassare de Silvande », manifestement écrit sous l'influence de *La Mort d'Ivan Illitch* (1886) de Tolstoï, l'approche de la mort détache-t-elle peu à peu le héros de tout intérêt mondain, ce qui inclut aussi l'amour. À cette mort acceptée s'oppose toutefois – perspective absente dans la nouvelle de Tolstoï – la brève résurrection, dans les derniers instants du mourant, de son enfance à travers le son des cloches (qui peuvent aussi rappeler *René* de Chateaubriand). L'influence de Tolstoï est également très nette dans « Violante ou la mondanité », et rappelle *Le Bonheur conjugal* (1859), un récit peu connu de l'écrivain russe où l'héroïne, qui se promet chaque jour de renoncer à sa vie futile, se laisse peu à peu entraîner par la mondanité et perd ainsi à tout jamais l'amour de son mari.

Le roman de la jalousie

Un texte, non publié en revue auparavant, se détache nettement des autres, et ce n'est certainement pas un hasard si Proust a choisi de le placer à la fin du volume : « La Fin de la jalousie » est en effet beaucoup plus achevé, et se présente comme une première version déjà très élaborée d'« Un amour de Swann », puisqu'il décrit l'évolution de l'amour d'Honoré à la faveur d'une révélation due au hasard. Il y manque la nature particulière de sa jalousie, qui ne se porte ici que sur les hommes, et la naissance absurde de l'amour lui-même, qui préexiste à la jalousie. En revanche, ce mécanisme de la naissance est parfaitement décrit dans « Mélancolique villégiature de Mme de Breyves », où l'héroïne tombe amoureuse d'un homme qui ne lui plaît pas, simplement parce qu'elle a cru lire du désir dans son regard, et parce qu'elle a ensuite du mal à le revoir.

Outre ces analyses sur l'amour, on trouve déjà l'amorce des futures considérations proustiennes sur le lien entre le plaisir et la cruauté, dans « La Confession d'une jeune fille », qui annonce les scènes avec Mlle Vinteuil. Si l'homosexualité masculine n'est pas encore évoquée, un texte, non repris dans l'édition en volume, mais publié dans l'édition de La Pléiade, est sur ce point capital : « Avant la nuit », confession d'une homosexuelle qui a caché toute sa vie son secret, et le décrit à la fois comme un penchant irrésistible et un phénomène parfaitement naturel.

« Portrait de l'artiste en jeune homme »

Les Plaisirs et les Jours est très révélateur de l'évolution de l'écriture proustienne, et du rapport entre l'écriture et la vie : quoique la troisième personne y soit plus fréquente que le «je» d'un narrateur fictif, la dimension autobiographique est souvent mal dissimulée, au point que certaines phrases ont pu apparaître comme des confessions déguisées. Certaines adresses au lecteur, à la deuxième personne du singulier, donnent aussi l'impression d'une sorte d'autoportrait fait de confidences et de fragments épars.

Un autoportrait aussi, dont de nombreux traits seraient répartis à travers la personnalité de plusieurs figures différentes, qui partagent certains points communs, sinon avec Proust lui-même, du moins avec le personnage du narrateur dans la *Recherche* : la faiblesse de la volonté (Violante), l'espoir sans cesse remis de devenir un artiste (Baldassare), ou tout au moins de se consacrer à l'approfondissement de sa vie intérieure, l'amour de la mère (l'héroïne de «La Confession d'une jeune fille»).

Enfin, le narrateur anonyme de certains textes partage avec celui de la *Recherche* la conviction qu'«il vaut mieux rêver sa vie que la vivre, encore que la vivre ce soit encore la rêver, mais moins mystérieusement et moins clairement à la fois, d'un rêve obscur et lourd, semblable au rêve épars dans la faible conscience des bêtes qui ruminent». De sorte que l'observateur désintéressé perçoit mieux la poésie que ceux qui semblent la détenir dans leur vie et n'en sont pas conscients, car tout dépend du regard porté par l'artiste sur les choses.

Jean Santeuil

Dans un texte qui aurait pu servir d'avant-propos à *Jean Santeuil*, Proust écrit : «Puis-je appeler ce livre un roman? C'est moins peut-être et bien plus, l'essence même de ma vie, recueillie sans rien y mêler, dans ces heures de déchirure où elle découle. Ce livre n'a jamais été fait, il a été récolté.» Et, de fait, bien que Proust y ait travaillé pendant plus de sept ans, entre 1895 et 1902, ce long texte, qui n'a jamais été destiné à la publication, ne constitue pas encore un roman. Le titre lui-même est celui qui lui a été donné par son premier éditeur. Contrairement à *Contre Sainte-Beuve* qui, bien qu'il soit demeuré sous une forme encore fragmentaire, a été conçu comme une construction par Proust, *Jean Santeuil* se présente comme un ensemble de textes auxquels manque encore une continuité narrative. Certains ont été pourvus de titres par Proust, d'autres demeurent à l'état de fragments. Retrouvé en 1952 parmi les nombreux papiers recueillis par les héritiers de Proust, il a d'abord été édité par Bernard de Fallois, qui en a donné une version cohérente, mais incomplète. La seconde édition présente l'intégralité des fragments, mais eux aussi classés de manière plus ou moins chronologique et thématique ; les titres des sections sont, là encore, donnés par les éditeurs.

RÉSUMÉ

Dans une préface le narrateur raconte comment, séjournant en Bretagne avec un ami, il a fait la connaissance du grand écrivain C. qui se retire là pour écrire. Celui-ci leur lit le roman qu'il écrit et leur en donne une copie. Après sa mort, comme nul ne parle de ce roman, le narrateur décide de le publier : c'est l'histoire de Jean Santeuil. Le héros est un enfant sensible et délicat, très attaché à sa mère, et qui est angoissé tous les soirs au moment de se coucher. Un soir, il obtient que sa mère revienne l'embrasser dans son lit et se sent coupable. Jean montre du goût pour la poésie. Il va jouer aux Champs-Élysées et y rencontre Marie Kossichef, une petite fille dont il tombe amoureux. Ses parents n'approuvent guère cette amitié, et trouvent Jean paresseux.

À la suite d'une dispute, il est décidé que Jean entrera au lycée Henri-IV. Il y découvre des professeurs qu'il admire, et se fait un ami, Henri de Réveillon, un aristocrate qu'il éblouit par ses qualités intellectuelles. Jean désire être écrivain, mais ses parents, qui rêvent pour lui d'une carrière diplomatique, le font entrer à l'École des Sciences politiques. À côté de la vie à Paris, la famille passe ses vacances à Illiers, petit village campagnard avec des lilas, des pommiers, des aubépines. Jean fait plus tard, également, un séjour en Bretagne, à Beg-Meil, avec son ami Henri, où ils assistent à des tempêtes et se mêlent à la vie des pêcheurs.

Son amitié avec Henri permet à Jean d'être introduit chez les parents de celui-ci, le duc et la duchesse, et de nouer peu à peu des relations mondaines. Mais il fait surtout un long séjour au château de Réveillon, où il goûte les joies simples de la campagne. Un autre long séjour est celui de Jean dans la ville de garnison où Henri fait son service ; il partage la vie des officiers.

À Paris, Jean assiste au scandale Marie, un homme politique ami de ses parents, à qui ceux-ci restent fidèles. Il est surtout passionné par l'affaire Dreyfus, et, dreyfusard convaincu, assiste tous les jours au procès Zola. Il poursuit également sa vie mondaine, protégé par son amitié avec les Réveillon. Il a une liaison avec Françoise et connaît les tourments de la jalousie, d'autant que celle-ci avoue un jour qu'elle a eu des relations avec des femmes. Mais Jean connaît aussi d'autres expériences amoureuses.

À la fin du roman, Jean voit vieillir ses parents, beaucoup moins intransigeants qu'autrefois. Il a le sentiment d'avoir gâché sa jeunesse en ne s'étant pas mis au travail. Mais il sait aussi que seules les heures où il retrouve des sensations d'autrefois, comme il en a fait plusieurs fois l'expérience, ont de la valeur.

COMMENTAIRE

L'apprentissage du roman

La «découverte» de *Jean Santeuil*, en 1952, par son premier éditeur permettait de résoudre une énigme. Aux environs de 1900, Proust évoque parfois, dans sa correspondance, un long «roman» auquel il est en train de travailler, et qui ne pouvait être la *Recherche* elle-même. Ce roman, long de près de mille pages, n'était autre que *Jean Santeuil*. L'existence de ce texte permettait de corriger une image, née d'une interprétation trop étroitement biographique de la *Recherche* : l'image d'un Proust qui n'aurait rien écrit entre *Les Plaisirs et les Jours* et *À la recherche du temps perdu*, qui aurait eu besoin d'une illumination semblable à celle de son narrateur pour se mettre à l'œuvre. En réalité, si Proust a vraiment connu une période de stérilité littéraire, c'est après *Jean Santeuil* justement, à un moment où il pouvait penser que la voie romanesque ne le conduisait qu'à l'échec. En revanche, après *Les Plaisirs et les Jours*, il ne s'est pas arrêté d'écrire, mais a entrepris une œuvre plus ambitieuse, qui lui permettait de faire en quelque sorte l'apprentissage du roman, ou tout au moins de la forme longue.

Un roman de formation ?

Ce n'est sûrement pas un hasard si parmi les lectures de Jean est évoqué le *Wilhelm Meister* de Goethe : Proust semble avoir voulu, à son tour, écrire l'un de ces longs romans d'éducation qu'il admirait. Le début du roman, du reste, obéit à l'une des conventions du genre, celle du manuscrit retrouvé par hasard et confié à un éditeur. Mais Proust, en imaginant le sort du livre de l'écrivain C., ne se doutait pas qu'il adviendrait la même chose à son propre manuscrit…

Jean Santeuil n'est pas encore le roman de la « vocation invisible » que sera la *Recherche*. En revanche, il peut apparaître comme une autobiographie déguisée, et contient de nombreux éléments écartés de la *Recherche*.

Ainsi, l'un des éléments qui empêchent de donner vraiment un âge au narrateur, dans les premiers volumes de la *Recherche*, est la discrétion avec laquelle est évoqué l'univers scolaire. Dans *Jean Santeuil* au contraire, cet univers joue un rôle assez important : les professeurs admirés, les camarades, sont longuement évoqués, même si le lycée Condorcet s'est transformé en lycée Henri-IV. De manière plus significative, c'est au lycée que Jean fait la connaissance de son ami aristocrate, qui, par admiration pour les qualités intellectuelles de Jean, va l'introduire dans l'intimité des Réveillon. La critique de l'amitié, qui sera si sévère dans la *Recherche*, est encore absente. De la même façon, les conflits avec les parents, engendrés par ces relations mondaines comme par la sensibilité excessive de Jean, de même que leur vieillissement, l'approche de leur mort, sont autant de sujets trop personnels que Proust traitera avec plus de distance dans la *Recherche*.

Enfin, l'un des événements qui ont le plus marqué la jeunesse de Proust, l'affaire Dreyfus, fait encore l'objet d'évocations précises et passionnées, telle celle du procès Zola, avec le portrait de ses principaux acteurs.

Les matériaux de l'œuvre à venir

Pourtant, *Jean Santeuil* n'est pas une simple succession de souvenirs personnels : on y trouve aussi, parfois sous une forme presque achevée, ou du moins suffisamment transposée, tous les éléments de la construction à venir : l'enfance à Illiers, lieu de scènes douloureuses, mais aussi d'éveil de la sensibilité ; l'initiation mondaine, avec l'opposition entre les Réveillon, futurs Guermantes, et les Marmet, qui annoncent les Verdurin. La partie la plus achevée est celle qui est consacrée à l'amour, délibérément conçue en opposition à Stendhal : les relations de Jean avec Françoise seront très largement reprises dans «Un amour de Swann» – de même que son amour d'enfance pour Marie ne subit guère de variations dans *À l'ombre des jeunes filles en fleurs*.

Quant à ce qui fait l'essentiel de la *Recherche*, il est déjà présent : les révélations de l'art, de même que les réminiscences et les impressions. Ainsi Proust, prenant la parole à la première personne, écrit-il à propos d'une expérience de mémoire involontaire éprouvée par Jean, et du plaisir donné par l'imagination, mise en branle par le choc entre deux sensations identiques : «Car le plaisir qu'elle nous donne, signe de sa supériorité auquel je me suis suffisamment fié pour ne rien écrire de ce que je voyais, de ce que je pensais, de ce que je raisonnais, de ce dont je me souvenais, pour n'écrire que quand un passé ressuscitait soudain dans une odeur, dans une vue qu'il faisait éclater et au-dessus duquel palpitait l'imagination et quand cette joie me donnait l'inspiration, [...] ce plaisir est peut-être le signe de la supériorité d'un état où nous avons comme objet une essence éternelle [...].» Mais – et c'est sans doute la raison pour laquelle Proust, si soucieux de construction, a finalement abandonné ce manuscrit – le caractère fondateur de la mémoire involontaire n'est pas encore l'objet d'une construction dramatique comme il le sera dans la *Recherche*. D'une part, Jean a compris qu'il était inutile de rechercher à écrire volontairement, que mieux valait attendre les moments de résurrection de sensations passées ; d'autre part, il éprouve parfois – alors qu'il n'a que vingt-deux ans – un sentiment de «temps perdu». Mais Proust n'a pas encore trouvé la structure qui donne à la *Recherche* sa puissance dramatique : l'opposition entre une vie douloureuse et stérile, une vie gâchée, et la révélation tardive de son but véritable, menacé par la mort. Il n'a pas encore donné à ses personnages la forme du temps.

Les traductions de Ruskin

Après l'enlisement de *Jean Santeuil*, Proust semble s'être détourné de la voie romanesque. Il avait découvert Ruskin, le critique d'art anglais, depuis 1896. Ruskin est l'auteur de nombreux ouvrages sur l'architecture au Moyen Âge, sur l'art vénitien, ainsi que sur la peinture anglaise préraphaélite et sur Turner. À la mort de Ruskin, Proust écrit un article nécrologique, point de départ de plusieurs articles et de deux traductions annotées, parues respectivement en 1904 et 1906.

La Bible d'Amiens

Ruskin, dans cet ouvrage, présente la cathédrale d'Amiens. La préface de Proust est composée de plusieurs textes différents, parus en revue avant d'être regroupés pour la publication de la traduction, dédiée à son père mort « en travaillant ». Dans « Notre-Dame d'Amiens selon Ruskin », Proust résume l'itinéraire et la manière selon lesquels on doit aborder la cathédrale suivant l'ouvrage de Ruskin, et conclut en rendant hommage au prophète qu'a été Ruskin, dont la statue n'est pas à la porte de la cathédrale, mais « à l'entrée de notre cœur ». Enfin dans un « Post-scriptum », Proust précise le sens d'une allusion par laquelle il terminait son article précédent, l'accusation d'« idolâtrie » à l'encontre de Ruskin : c'est l'erreur qui consiste à confondre la vérité et la beauté, et en particulier, à trouver certaines choses belles parce qu'elles figurent dans les œuvres d'art. La préface se termine néanmoins par un hommage sans ambiguïté à Ruskin, et la reconnaissance du caractère positif de toute influence.

Sésame et Les Lys

Dans « Sésame », Ruskin veut montrer l'utilité de la lecture. C'est le sésame qui permet d'accéder, non pas au trésor des voleurs comme dans le conte d'Ali-Baba, mais aux trésors de ces Rois que sont les grands écrivains, sésame aussi plus nourrissant que la nourriture matérielle. Cet éloge de la lecture, voie du développement et de l'élévation du niveau de vie, s'appuie sur une violente diatribe à l'encontre du matérialisme protestant sur lequel se fonde la société anglaise.

Cette conférence est précédée d'une préface de Proust « Sur la lecture » qui est essentielle : elle commence par une longue évocation des journées enchantées passées à lire, préfiguration des pages de « Combray » sur le même sujet. Mais c'est pour montrer que le charme de ces heures réside dans tous les souvenirs que nous y avons attachés, mais aussi que la lecture n'est pas comparable, comme le dit Ruskin, à la conversation d'esprits supérieurs. Certes, Ruskin dit lui-même que les vrais livres sont écrits, et non parlés, ce qui annonce telle formule de *Contre Sainte-Beuve* ou du *Temps retrouvé*. Mais c'est aussi que pour Proust la lecture n'est qu'une incitation, non une fin en soi. Se contenter de lire les autres sans jamais lire en soi-même, c'est finalement aussi s'adonner au péché d'idolâtrie.

Dans « Les Lys », Ruskin prêche en faveur de l'éducation des filles, car si le pouvoir de l'homme est dans l'action, celui de la femme consiste à régner, et pour cela, elle doit être instruite, ce qui n'est pas incompatible avec sa soumission à l'homme.

COMMENTAIRE

Un détour nécessaire

On a souvent souligné l'ambiguïté du rapport de Proust à Ruskin. Au moment même où il entreprend de révéler au public français la pensée de l'écrivain anglais à qui il vouait une admiration immense, il semble se détourner de ses conceptions. C'est d'abord la dénonciation de l'« idolâtrie », à laquelle Proust lui-même avoue avoir succombé, lorsqu'il a visité Amiens le livre de Ruskin à la main. Mais cette condamnation de l'idolâtrie, il semble que Ruskin n'en soit au fond que le prétexte. Dans le même texte, Proust évoque, sans le nommer, un « contemporain » derrière lequel il n'est pas difficile de reconnaître Montesquiou, et, qui, lui aussi, admire sur une femme une toilette parce qu'elle répète celle de tel personnage de roman, telle maison, car elle a été celle d'un poète... Ce portrait annonce celui de Charlus, qui, lui aussi, se plaît à reproduire dans sa vie des scènes ou des atmosphères inspirées de l'art. Mais il annonce surtout le personnage de Swann, incarnation de l'idolâtrie dans la *Recherche* : c'est lui qui tombe amoureux d'Odette parce qu'elle ressemble à un Botticelli, c'est lui qui se plaît à retrouver dans ses domestiques des personnages de tableaux célèbres. Or Swann ne deviendra jamais un créateur. Cette impuissance dont Proust l'a doté est en quelque sorte le signe même de son détachement à l'égard de Ruskin.

Cette critique est du reste liée à celle qui porte sur la lecture : là encore l'analyse de Proust annonce celle du *Temps retrouvé* sur les « célibataires de l'art», les artistes ratés qui passent leur vie à s'enthousiasmer sans jamais approfondir leurs sensations. C'est que le but de Ruskin était autre : il s'agissait de promouvoir l'instruction et le progrès, tandis que pour Proust, la lecture, le contact avec d'autres œuvres d'art, ne peut mener qu'au seuil de la vie spirituelle.

« Travaillez pendant que vous avez encore la lumière »

Et pourtant ce détour par Ruskin était nécessaire. Proust n'avait publié que des articles depuis sept ans. Cette traduction lui permet de revenir sur la scène littéraire, mais surtout de faire l'épreuve de sa propre écriture. Le narrateur écrit dans *Le Temps retrouvé* : « Le devoir et la tâche d'un écrivain sont ceux d'un traducteur. » Au moment où il entreprend ces traductions, Proust avoue à plusieurs amis avoir renoncé à la traduction de lui-même, pour se tourner vers l'œuvre d'autrui. En réalité, le passage par Ruskin joue le rôle d'un catalyseur.

La publication de la dernière traduction coïncide, à un an près, avec la mort de la mère de Proust : c'est le début de la réclusion et du silence, on pourrait croire que l'écrivain est mort. Il est mort au monde en effet : mais le véritable Proust va naître de cette épreuve de l'enfermement et de cette expérience de la mort. Car il semble avoir pris conscience d'une urgence. Dans toutes les lettres de cette époque, il cite la formule de saint Jean, « Travaillez tant que vous avez la lumière », rencontrée, précisément, chez Ruskin. Ainsi, la traduction de Ruskin aura eu pour Proust la valeur qu'il donne à la lecture pour certains êtres dépourvus de volonté, qui ont besoin d'une stimulation extérieure pour approfondir leur propre vie spirituelle.

Mais Proust n'a jamais vraiment renié Ruskin : celui qui prétend construire son œuvre comme une cathédrale reste marqué par l'apprentissage ruskinien, par ce déchiffrement des symboles que propose chaque étude du critique anglais sur les grandes cathédrales. De Ruskin aussi, Proust semble avoir retenu le principe de cette petite figure monstrueuse, à peine haute de dix centimètres, sculptée dans un coin du portail de la cathédrale de Rouen, et que Proust, lors de sa visite, a reconnue à son tour, sauvée de l'oubli éternel par le livre de Ruskin : on retrouve cet amour du détail dans l'immense construction de la *Recherche*, cette figure grotesque ou insignifiante qui viendra jouer un rôle bien des années plus tard. Enfin, c'est Ruskin qui est derrière toutes les évocations vénitiennes, celles sur lesquelles rêve le narrateur dans *Du côté de chez Swann*, et celles d'*Albertine disparue*. Mais la véritable Venise, celle qui n'est pas transfigurée par des souvenirs livresques, la Venise vécue, sera celle qui ressuscite dans *Le Temps retrouvé*.

L'ÉCRIVAIN
D'UN SEUL LIVRE

Contre Sainte-Beuve

La source secrète

Dans *La Prisonnière*, le narrateur explique à Albertine que la «monotonie» des grandes œuvres est le signe de leur beauté. Chez Proust, tous les écrits, publiés ou non, convergent vers la *Recherche* qui est l'aboutissement d'années d'efforts et de tâtonnements. Mais si *Jean Santeuil* s'est révélé déboucher sur une impasse, *Contre Sainte-Beuve* est un texte capital, qui marque la véritable naissance d'*À la recherche du temps perdu*. Sans doute en projet dès 1905, et ébauché dès 1908, ce texte, qui aurait dû n'être qu'un simple article polémique sur la méthode de Sainte-Beuve, se transforme, à partir de 1909, en un roman suffisamment développé – du moins dans l'esprit de son auteur – pour que Proust puisse le présenter ainsi à un éditeur éventuel: «Je termine un livre qui, malgré son titre provisoire: *Contre Sainte-Beuve. Souvenir d'une matinée*, est un véritable roman, et un roman extrêmement impudique en certaines parties. Un des principaux personnages est un homosexuel. Le nom de Sainte-Beuve ne vient pas par hasard. Le livre finit bien par une longue conversation sur Sainte-Beuve et l'esthétique» (lettre à Valette, directeur du Mercure de France, de 1909).

Mais ce premier éditeur, suivi de plusieurs autres, refuse le texte de Proust. Celui-ci continue donc à travailler à ce roman qu'il désigne toujours par ce titre: *Contre Sainte-Beuve* ou, plus souvent, *Sainte-Beuve*. Mais en réalité, dans les cahiers de *Contre Sainte-Beuve*, c'est toute la *Recherche* qui est en train de s'esquisser, sous forme de fragments sans cesse retravaillés par Proust et d'additions. Ce n'est qu'en 1912, à la veille de la publication de *Du côté de chez Swann*, qu'il cherchera un titre nouveau pour ce qui est devenu un immense roman.

Dans ces conditions, que désigne-t-on par *Contre Sainte-Beuve* ? Décrire ce texte, c'est aussi comprendre l'histoire de sa publication.

En 1954, Bernard de Fallois publie le premier texte sous ce titre. On y trouve, après une sorte de préface dans laquelle Proust dévalorise l'intelligence au profit de la mémoire involontaire, une série de textes consacrés à Sainte-Beuve, à sa méthode, et aux écrivains au sujet desquels il s'est trompé : Balzac, Baudelaire, Stendhal, Nerval, Flaubert. Mais ces textes critiques se mêlent à d'autres, choisis dans leur version la plus complète parmi de nombreuses esquisses, et qui sont souvent les premiers fragments écrits par Proust et un premier état des passages les plus importants de la *Recherche* : «Sommeils» et «Chambres» qui annoncent les premières pages de *Du côté de chez Swann*, «Journées» qui réunit des éléments d'*À l'ombre des jeunes filles en fleurs* et de *La Prisonnière*, divers textes, dont «Noms de personnes», consacrés aux Guermantes, «La Race maudite», qui annonce *Sodome et Gomorrhe*, et enfin «Retour à Guermantes», qui évoque Combray et l'enfance, et qui est sans doute l'un des premiers textes de cet ensemble écrit par Proust. Le schéma narratif est le suivant : le narrateur (qui est encore très proche de Proust, qui a encore un frère nommé Robert) trouve enfin, un matin, l'article qu'il attendait depuis longtemps de voir publié dans *Le Figaro*. Il va voir sa mère pour connaître son avis, et entame avec elle une conversation sur Sainte-Beuve, lui faisant part d'un projet d'étude sur ce critique.

Le «deuxième» *Contre Sainte-Beuve* est celui qui a été publié, en 1971, dans l'édition de La Pléiade. Estimant à juste titre que le choix accompli par l'édition précédente dans les textes romanesques était arbitraire, les éditeurs ont décidé cette fois-ci de ne garder que les textes critiques, puisque ceux-ci sont, en toute rigueur, les seuls véritablement consacrés à Sainte-Beuve.

En réalité, parmi ces textes critiques, nombreux sont ceux qui sont repris, avec quelques variations, dans *Le Temps retrouvé*, puisque, dès le début, ils devaient représenter l'assise théorique de l'œuvre. Quant aux textes non utilisés, ils serviront encore à Proust jusqu'après la guerre, puisqu'il en reprendra la substance dans ses articles sur Flaubert et Baudelaire.

Contre Sainte-Beuve ne constitue donc pas un texte autonome, mais a gardé néanmoins tout son intérêt, d'une part pour ses ébauches de la *Recherche*, d'autre part parce qu'il rassemble, de manière très synthétique, la plus grande partie des thèses de Proust sur la littérature, à commencer par cette critique des théories de Sainte-Beuve, qui, dans le roman, seront en fait attribuées à divers personnages.

La méthode de Sainte-Beuve

La méthode critique de Sainte-Beuve qui, aujourd'hui tombé dans l'oubli, était encore très admiré à l'époque de Proust pour sa perspicacité, repose sur un principe simple que Proust a constamment combattu : la confusion entre la vie et l'œuvre. Ainsi, pour Sainte-Beuve, la meilleure manière de comprendre l'œuvre d'un grand écrivain, est de chercher à connaître sa vie, de s'informer auprès de ceux qui l'ont connu, de le fréquenter. À quoi Proust rétorque : « En quoi le fait d'avoir été l'ami de Stendhal permet-il de le mieux juger ? » Et ainsi, Sainte-Beuve qui prétendait que le devoir de tout critique était de pressentir les talents nouveaux, est-il passé à côté de tous les grands écrivains du XIXe siècle : il trouve les romans de Stendhal « détestables », les vers des *Fleurs du mal* « curieux »... Et pour atténuer les critiques sur l'œuvre, il fait valoir les qualités humaines d'un auteur : Baudelaire est capable d'affection, Stendhal modeste et Flaubert bon garçon... Ce qui ne l'a pas empêché d'être un ami cruel, refusant un article de soutien à son « ami » Baudelaire au moment du procès des *Fleurs du mal*, alors qu'il écrit avec complaisance sur tant d'écrivains médiocres.

C'est avec une ironie féroce que Proust s'amuse à tourner en ridicule les erreurs de Sainte-Beuve, comme il s'amusera, dans la *Recherche*, à pasticher ses thèses et à les répartir entre plusieurs personnages : tout d'abord Mme de Villeparisis, qui, dans sa jeunesse, a côtoyé les écrivains romantiques dans les salons, et qui se moque de tous les travers de ces célébrités qu'elle a vues de près, préférant, à Chateaubriand, Sainte-Beuve justement, qui au moins était bien élevé... Mais Charlus, qui cherche à découvrir dans la vie des artistes la particularité – pour lui c'est toujours l'homosexualité – expliquant leur œuvre, rappelle également les thèses de Sainte-Beuve, et même Albertine qui demande naïvement à propos de Dostoïevski s'il a jamais assassiné, parce que ses romans sont toujours « l'histoire d'un crime »... En fait, pratiquement tous ceux qui s'opposent au narrateur en matière artistique tombent plus ou moins dans le travers beuvien, tandis que tous les personnages d'artistes sont systématiquement conçus par Proust pour mettre en évidence la thèse contraire : c'est, bien sûr, Vinteuil, obscur professeur de piano à Combray, auteur d'un chef-d'œuvre, mais aussi Elstir ou Bergotte, dont la jeunesse s'est déroulée dans des milieux médiocres, dont la vie n'est pas exempte de fautes.

Mais c'est parce que pour Proust, il existe une rupture radicale entre le moi social, celui qui se manifeste dans la relation à autrui, toujours superficielle, et le moi créateur. Appliquer la méthode de Sainte-Beuve, c'est méconnaître « ce qu'une fréquentation un peu profonde avec nous-même nous apprend : qu'un livre est le produit d'un autre moi que celui que nous manifestons dans nos habitudes, dans la société, dans nos vices ». On ne peut pas juger un artiste sur sa vie, car la personnalité qu'il manifeste dans la vie sociale est entièrement différente de celle qui lui fait concevoir son œuvre : « Les livres sont l'œuvre de la solitude et les enfants du silence. »

Critique de l'intelligence

En outre, si le jugement de Sainte-Beuve donne des résultats particulièrement caricaturaux, c'est qu'il se fonde aussi sur une place trop grande accordée à l'intelligence, sur un mépris pour l'irrationnel, la part d'originalité irréductible qui caractérise aux yeux de Proust tout véritable écrivain. Car, précisément, le grand créateur est celui qui met le plus de lui-même dans son œuvre, mais sur un autre plan, de façon transposée. Or cette critique de l'intelligence a pour but de mettre en valeur le rôle de la mémoire involontaire. Dès la première page de la Préface, deux expériences sont évoquées : celle de la biscotte grillée trempée dans le thé, qui rappelle l'enfance à la campagne, et celle des pavés glissants, qui rappelle Venise. Dans *Jean Santeuil*, la mémoire involontaire était présente, mais elle passait en quelque sorte inaperçue parmi les diverses expériences de Jean : ici elle assume un statut vraiment fondateur. La véritable nouveauté de la *Recherche*, ce sera de retarder l'explication de ce phénomène, qui, ici, est donnée immédiatement.

Cela explique également le choix des écrivains évoqués par Proust : ils n'ont pas seulement pour point commun d'avoir été méconnus par Sainte-Beuve, mais d'apporter cette part d'originalité irréductible, et pour certains, d'avoir décrit dans leur œuvre une expérience de mémoire involontaire. Dans *Le Temps retrouvé*, le narrateur trouvera un encouragement en se souvenant que Chateaubriand, Nerval et Baudelaire ont, eux aussi, fondé leur œuvre sur certaines expériences de mémoire involontaire, même s'ils ne les ont pas expliquées. Ces trois écrivains sont évoqués ici, Nerval et

Baudelaire, sans doute parce que plus méconnus que Chateaubriand, faisant l'objet d'un article vengeur.

La fraternité des grands créateurs

Ici apparaît un paradoxe. Proust, dans ces articles, ne cesse justement de faire référence à la vie de ces écrivains. Mais sa perspective est entièrement différente. Ce n'est pas en collectant des «potins» sur la vie intime des écrivains que l'on comprendra leur œuvre. La connaissance de la vie d'un Baudelaire, d'un Nerval, lui permet justement de montrer en quoi elle est sans rapport avec leur œuvre, précisément parce que, de son vivant, le grand créateur est souvent, sinon méconnu, du moins sous-estimé. Lui-même en général ignore son génie, se jugeant avec la modestie qui est peut-être la condition de son génie. Et lorsque Proust évoque les démarches humiliantes d'un Baudelaire pour entrer à l'Académie ou simplement obtenir un article, on songe à celles qui seront son lot, plus tard, lorsque le début d'*À la recherche du temps perdu* est si mal compris par la critique.

Mais le choix opéré par Proust permet surtout de définir ses goûts et ses admirations : il suffit d'énumérer les écrivains sur lesquels Sainte-Beuve s'est trompé pour découvrir les écrivains qui ont le plus compté dans sa formation. Baudelaire, pour son mélange de sensibilité et de cruauté, pour la puissance de son verbe, pour sa modernité enfin, Gérard de Nerval pour l'incertitude entre la réalité et le rêve, le rôle de la mémoire. Quant à Balzac, malgré sa vulgarité, qui consiste à ne pas avoir mis l'art au-dessus de la vie, à écrire dans un style qui explique plus qu'il ne suggère, Proust admire néanmoins chez lui l'idée de génie du retour des personnages dans *La Comédie humaine*, cette idée plus belle d'avoir été trouvée après coup qu'il évoquera de nouveau dans *La Prisonnière*.

Le choix d'une forme

À travers les articles critiques, Proust apparaît très préoccupé par le problème de la forme. Il remarque ainsi que Nerval comme Baudelaire ont écrit à la fois en vers et en prose, ce qui le renvoie à ses propres hésitations : «Faut-il en faire un roman, une étude philosophique, suis-je romancier ?», écrit-il dans son premier carnet, celui de 1908. Or, précisément, c'est avec *Contre Sainte-Beuve* que se dessine définitivement la forme essentielle de ce qui sera la *Recherche*, le récit à la première personne. En particulier, les premières pages de «Sommeils» sont une mise en place de la structure complexe qui apparaîtra dans le début de *Du côté de chez Swann* : «Au temps de cette matinée dont je veux fixer, je ne sais pourquoi, le souvenir, j'étais déjà malade, je restais levé toute la nuit, me couchais le matin et dormais le jour. Mais alors était encore très près de moi un temps, que j'espérais voir revenir, et qui aujourd'hui me semble avoir été vécu par une autre personne, où j'entrais dans mon lit à dix heures du soir et, avec quelques courts réveils, dormais jusqu'au lendemain matin. » On retrouve ici la « stratification » des moi qui structure la *Recherche* (« une autre personne ») et cette distinction entre le temps du sommeil heureux, normal, et celui du sommeil diurne et du souvenir nocturne, qui est aussi le point de départ de l'écriture : c'est la naissance du je qui se souvient et qui raconte.

Mais en même temps, cette forme reste imparfaite car elle est parfois encore trop proche de l'autobiographie : la figure de la mère domine toujours ; la plupart des pages qui la concernent seront attribuées à la grand-mère ou à Albertine. Le narrateur ressemble beaucoup à Proust, et certaines pages évoquent presque un journal intime.

Quelques figures essentielles

Enfin, il faut noter que si beaucoup de développements sont encore à venir, un certain nombre de scènes et de personnages sont presque dotés, déjà, de leur forme définitive : en particulier le développement sur « La Race maudite », entièrement nouveau par rapport à *Jean Santeuil*, est déjà très proche de l'ouverture de *Sodome et Gomorrhe*, tandis que les Guermantes, en revanche, sont assez différents de ce qu'ils seront dans la *Recherche* et ressemblent encore à des personnages de Balzac dont ils sont de grands lecteurs. Une figure essentielle est absente : celle de Swann, initiateur et double du narrateur et qui n'est pas encore là pour faire le lien entre le monde de l'enfance et celui des Guermantes.

À la recherche du temps perdu

> « Ce temps du reste qu'il faut à un individu – comme il me le fallut à moi à l'égard de cette Sonate – pour pénétrer une œuvre un peu profonde, n'est que le raccourci et comme le symbole des années, des siècles parfois, qui s'écoulent avant que le public puisse aimer un chef-d'œuvre vraiment nouveau. »
>
> *À l'ombre des jeunes filles en fleurs,* I.

En 1912, Proust ne parle plus de Sainte-Beuve, mais se propose de placer son œuvre sous le titre général : *Les Intermittences du cœur*, avec une opposition entre *Le Temps perdu* et *Le Temps retrouvé*, qui met bien en évidence la structure profonde de l'œuvre. Puis, lorsqu'il parvient enfin à la faire accepter chez Grasset, il adopte le titre *À la recherche du temps perdu*. Obligé d'amputer, à cause de sa longueur, une partie de *Du côté de chez Swann*, « Autour de Mme Swann », il annonce, à la veille de la guerre, deux volumes destinés à prendre la suite : *Le Côté de Guermantes* et *Le Temps retrouvé*. On sait que la guerre, l'introduction du cycle d'Albertine, ont constamment retardé cette conclusion esthétique à laquelle Proust tenait tant : et pourtant, l'œuvre, malgré ses transformations, n'est jamais déformée au point qu'on n'y reconnaisse plus le projet originel.

Du côté de chez Swann (1913)

C'est donc uniquement un effet d'édition si *Du côté de chez Swann* se présente sous sa forme actuelle. Ainsi, seul volume de la *Recherche* publié avant la guerre, *Du côté de chez Swann* pouvait aisément tromper ses lecteurs : il apparaissait comme un ensemble de souvenirs d'enfance, se terminant sur une conclusion sceptique et désabusée : « [...] les maisons, les routes, les avenues, sont fugitives, hélas, comme les années. » Seul Jacques Rivière, directeur de *La Nouvelle Revue Française*, lui écrit une lettre où, semble-t-il, il a « deviné », selon l'expression de Proust, que la *Recherche* était « un ouvrage dogmatique et une construction », et que surtout, il ne fallait pas attacher d'importance à la conclusion provisoire, sorte de trompe-l'œil pour lecteur pressé : « J'ai trouvé plus probe et plus délicat comme artiste de ne pas laisser voir, de ne pas annoncer que c'était justement à la recherche de la Vérité que je partais, ni en quoi elle consistait pour moi. Je déteste tellement les ouvrages idéologiques où le récit n'est tout le temps qu'une faillite des intentions de l'auteur que j'ai préféré ne rien dire. Ce n'est qu'à la fin du livre, et une fois les leçons de la vie comprises, que ma pensée se dévoilera. [...] Je suis donc forcé de peindre les erreurs, sans croire devoir dire que je les tiens pour des erreurs ; tant pis pour moi si le lecteur croit que je les tiens pour la vérité » (lettre à Jacques Rivière du 6 février 1914).

RÉSUMÉ

I. « Combray »

1. Le narrateur du récit, qui à présent ne dort plus que pendant la journée, se souvient de l'époque, plus récente, où il se couchait de bonne heure. Souvent, il se réveillait, et, insomniaque, il passait sa nuit à évoquer ses souvenirs, en particulier le souvenir des différentes chambres où il avait couché, et qu'il confondait dans un état de demi-sommeil. Il se souvenait alors particulièrement de la chambre qu'enfant il occupait à Combray, la maison de campagne où il passait ses vacances en famille, et qui était le théâtre du « drame de son coucher ». Sa mère avait pour habitude de l'embrasser dans son lit à l'heure du coucher, à l'exception des soirs où il y avait des invités. C'est pourquoi la venue de Swann, propriétaire du domaine voisin de Tansonville, était la source d'une angoisse particulière. Swann, que le narrateur connaîtra bien plus tard, cachait alors à la famille du narrateur ses brillantes relations. Il n'était qu'un bon voisin qui leur rendait de nombreux services. Dans ces souvenirs, une soirée particulière, où Swann vient dîner, se détache : non seulement le narrateur est privé de son baiser dans son lit, mais son père l'envoie se coucher plus tôt que d'habitude. Il monte se coucher, mais décide de revoir sa mère à tout prix. Il lui fait d'abord parvenir un petit mot par Françoise, la femme de chambre, sans succès. Il décide alors d'avoir recours à un moyen désespéré, et se place sur le chemin de ses parents lorsqu'ils montent se coucher. Sa mère le menace d'une punition sévère, mais son père l'autorise à passer la nuit dans la chambre du petit garçon. Elle lui lit *François le Champi* de George Sand, et l'enfant, qui vient de remporter sa première victoire

sur ses parents, ressent un remords étrange. Pendant longtemps, le narrateur, lorsqu'il évoquait ses souvenirs pendant ses nuits d'insomnie, ne revoyait de Combray que ces moments dramatiques. Tout le reste de son passé lui semblait « mort à jamais ». Pourtant un jour, prenant contre son habitude une tasse de thé avec une madeleine, il a été envahi d'une félicité incompréhensible. Sans comprendre pourquoi cela le rendait si heureux, il s'est souvenu d'une sensation similaire, lorsque sa grand-tante Léonie lui faisait goûter un peu de son tilleul. Avec ce souvenir, par l'effet de la mémoire involontaire, c'est tout Combray qui est ressuscité. Commence alors la seconde partie de Combray, où sont évoqués les souvenirs de toute une enfance. C'est le véritable début du récit de la *Recherche*.

2. La chronique de la vie quotidienne à Combray se mêle aux portraits de certains personnages : la tante Léonie, qui vit couchée depuis des années, et commente, depuis sa fenêtre, la vie du village ; Françoise, une servante aux talents exceptionnels qui se révèle aussi d'une très grande cruauté, torturant par exemple la fille de cuisine ; Legrandin, un dilettante qui est en secret un snob. Le souvenir de l'oncle Adolphe, qui s'est brouillé avec la famille du narrateur, est l'occasion d'évoquer une délicieuse apparition, la « dame en rose », qui a beaucoup frappé l'imagination du jeune narrateur. Celui-ci, qui passe de longs après-midi à lire au jardin, découvre un nouvel écrivain qui le charme, Bergotte. Il rêve de rencontrer Gilberte, la fille de Swann, rendue prestigieuse par son amitié avec l'écrivain.

À Combray, on se promène souvent de deux « côtés » différents. Le plus proche est le côté de Méséglise, dit « côté de chez Swann », parce que le chemin borde son domaine de Tansonville. Un jour le narrateur, qui rêve devant les haies d'aubépine de Swann, aperçoit enfin Gilberte, la petite fille qu'il rêvait de rencontrer. Elle le regarde d'un air méprisant en esquissant un geste grossier. Le narrateur aperçoit de loin Mme Swann, et M. de Charlus, que l'on dit son amant, et qui le regarde bizarrement. Le narrateur est désormais amoureux. C'est aussi de ce côté, à Montjouvain, qu'il assiste à une scène étrange : caché sous les fenêtres d'un vieux professeur de piano, Vinteuil, qui est mort de chagrin devant le comportement scandaleux de sa fille, il voit celle-ci, en compagnie d'une amie avec qui elle vit désormais, cracher sur la photographie de son père mort. Parfois, on part du côté de Guermantes, pour une promenade beaucoup plus longue, dont on ne revient qu'à la nuit, et qui suit le cours de la Vivonne, avec ses nymphéas. Le narrateur rêve sur le nom des Guermantes, les aristocrates qui vivent dans un château voisin. Ces rêveries, liées à son désir d'être écrivain, le découragent souvent. Un jour, il aperçoit à un mariage la duchesse de Guermantes : c'est une dame ordinaire. Mais elle lui sourit, et la rêverie renaît. Dans ses promenades, le narrateur pressent souvent une réalité cachée derrière ses impressions. Un jour, devant les clochers de Martinville, il compose un petit poème en prose. Le narrateur du récit reprend la parole : la vérité de ces moments est dans la mémoire, il n'arrive jamais à trouver dans la réalité la poésie de Combray.

Parmi les souvenirs évoqués par ce dormeur éveillé, jusqu'à l'heure du lever du soleil qui met fin à la confusion des chambres, il y avait aussi des histoires qu'il avait entendu raconter sur les personnes qu'il connaissait, et en particulier sur un amour vécu par Swann, bien des années auparavant..

II. « Un amour de Swann »

Swann, dont on connaît les élégantes relations mondaines malgré sa situation de roturier, obéit, dans sa vie amoureuse, à des lois différentes. Il n'éprouve aucun attrait pour les femmes à la beauté distinguée. Aussi, quand on lui présente Odette de Crécy – qui est en réalité, mais il l'ignore, une demi-mondaine –, la trouve-t-il d'abord laide. Mais petit à petit, et sur l'insistance d'Odette, il la revoit. Un soir, celle-ci le persuade d'aller avec elle chez les Verdurin. Ceux-ci prétendent se moquer des gens du monde, les « ennuyeux », et préférer à tout la compagnie de quelques invités bien choisis, les « fidèles », en réalité une assemblée très composite. Mais Swann entend, ce soir-là, une sonate de Vinteuil dont une petite « phrase » le séduit particulièrement. Désormais, Swann prend plaisir à retrouver Odette chez les Verdurin, et la petite phrase est devenue « l'air national de leur amour ». Cependant, celui-ci progresse lentement ; Swann n'ose pas faire d'Odette sa maîtresse. Lui qui n'a jamais apprécié chez les femmes une beauté distinguée trouve à Odette une ressemblance avec un Zéphora*, personnage d'une fresque de Botticelli. Mais il continue, après les soirées chez les Verdurin, à retrouver une petite ouvrière. Un soir cependant, Swann, arrivant très tard chez les Verdurin, ne trouve plus Odette. Il n'a alors de cesse de la retrouver, et ce soir-là, devient son amant. Désormais Swann, malgré son bon goût, adopte tous ceux d'Odette et devient un inconditionnel des Verdurin. Mais ceux-ci lui reprochent des amitiés élégantes qu'il néglige pourtant en leur faveur. Peu à peu se prépare la disgrâce de Swann, tandis qu'un « nouveau », Forcheville, a toutes les faveurs. Jusqu'ici, Swann n'avait pas cherché à connaître la vie d'Odette. Un hasard lui permet de soupçonner qu'Odette lui ment parfois. C'est le début de la jalousie. Swann cherche constamment à surprendre les mensonges d'Odette. D'autre part, les Verdurin ne l'invitent plus, et leur salon est désormais un obstacle à leurs rendez-vous, de plus en plus rares. Au cours d'une soirée dans l'aristocratie, il entend par hasard la sonate de Vinteuil. Il comprend que son amour est mort et qu'Odette ne l'aimera plus. Une lettre anonyme le pousse à interroger Odette au sujet de relations homosexuelles. Elle finit par avouer, à la surprise de Swann. C'est tout leur passé commun qui s'effondre. Pendant un long voyage d'Odette avec les Verdurin, Swann s'achemine peu à peu vers la guérison. Il se rend compte qu'il a eu sa plus grande passion pour « une femme qui n'était même pas [son] genre ».

III. « Noms de pays : le nom »

L'insomniaque se souvenait aussi de la chambre de Balbec, petite ville normande dont il a longtemps rêvé enfant sans pouvoir y aller. Il rêvait sur le nom de Balbec, comme sur le nom d'autres villes. Mais sa santé lui a interdit de voyager. Aussi, enfant, l'a-t-on souvent envoyé jouer aux Champs-Élysées. C'est ainsi qu'il retrouve un jour Gilberte, la fille que Swann a eue d'Odette qu'il a finalement épousée. L'amitié du narrateur avec Gilberte progresse lentement ; il ne la voit qu'aux Champs-Élysées, car ses parents ne fréquentent plus Swann ; tout ce qui touche aux Swann est empreint de prestige, et surtout Mme Swann, que l'adolescent admire pendant ses promenades au Bois. Un jour, passant par le Bois, le narrateur adulte recherche en vain dans la réalité les tableaux de sa mémoire ; pour lui, le monde des élégantes d'autrefois semble à jamais disparu, comme tout le passé.

L'ouverture de la *Recherche*

Du côté de chez Swann est l'« ouverture » de la *Recherche* au sens musical du terme, c'est-à-dire que tous les grands thèmes y sont introduits, de même que de nombreux personnages y sont déjà présents, même au titre de figurants. Proust lui-même emploie l'expression de la « course » où tous les chevaux se pressent sur la ligne de départ. Ici

encore, bien sûr, les conditions particulières de la publication ont une inci-
dence sur la présentation de l'œuvre : telle phrase, telle apparition, ne
prendront leur sens que dans les volumes suivants, après bien des
années. Certains de ces éléments sont explicitement donnés comme des
annonces. Ainsi, à propos de cette félicité incompréhensible ressentie en
mangeant un morceau de la madeleine, le narrateur annonce-t-il qu'il
devra remettre à bien plus tard d'en découvrir la signification. Le texte de
ce volume est déjà envahi par ce type de phrases si souvent imitées
depuis, et pastichant elles-mêmes certaines annonces balzaciennes : « je
devais apprendre plus tard », « je ne savais pas encore », etc. Certains épisodes, en revanche, sont des annonces masquées qui, à première lecture,
donnent cette impression de fourmillement de détails qui a tellement agacé
les critiques.

Or, chez Proust, chaque détail compte, ainsi pour l'épisode du chemin
de Tansonville : ce n'est que dans *Sodome et Gomorrhe* que le lecteur
comprendra pourquoi ce M. de Charlus, que tout le monde à Combray
prenait pour l'amant de Mme Swann, le regardait si fixement ; quant au
geste grossier de Gilberte, c'est dans *Albertine disparue* qu'il prendra sa
véritable signification : tandis que le narrateur rêvait en vain d'une rencontre
féminine au cours de ses promenades, Gilberte, petite fille sensuelle, cherchait à lui faire comprendre son désir. Et ainsi le bonheur n'est jamais aussi
loin qu'on l'imagine lorsqu'on est enfant. Mais bien d'autres épisodes fugi-
tifs sont aussi capitaux : celui de Montjouvain, qui va trouver son complé-
ment dans celui où Odette avoue qu'elle a trompé Swann avec des
femmes, premier « pilier », préparant les souffrances futures du narrateur,
celui de Martinville, où le narrateur compose un poème qui ne sera publié
que dans *Albertine disparue*, pratiquement tous les « détails » de *Du côté
de chez Swann* prendront une signification par la suite.

Le statut du narrateur

Ce qui est plus particulièrement mis en place, c'est le fondement narratif
de la *Recherche* et le statut du narrateur. Qui est ce « je » qui s'élève dans
les premières pages de *Du côté de chez Swann*, proche, intime, confident,
et en même temps si impersonnel ? Tout d'abord, ce passage à la première personne a toujours été considéré par Proust comme la forme vide
qui allait lui permettre de construire son roman. Ainsi écrit-il : « Comme j'ai
eu le malheur de commencer mon livre par "Je" et que je ne pouvais plus
changer, je suis "subjectif" *in aeternum*. J'aurais commencé à la place :
"Roger Beauclerc occupant un pavillon, etc.", j'étais classé "objectif" (lettre

à Jacques Boulenger du 30 novembre 1921). Mais c'était évidemment prendre le risque que l'on confonde « le monsieur qui dit "je" » selon l'expression de Proust, et l'auteur lui-même. Avec les années, et la publication de volumes de plus en plus « scandaleux » de la *Recherche*, le malentendu n'allait faire que se creuser, et c'est sans doute pourquoi, inlassablement, Proust allait reprendre les thèses inédites du *Contre Sainte-Beuve* et les développer dans la *Recherche* pour éviter toute assimilation grossière entre le narrateur, ou tel personnage, et lui-même. Pourtant, très vite, la critique s'est penchée sur la complexité du « je » proustien, et celui-ci a souvent été le point de départ d'analyses modernes célèbres.

Tout d'abord, on trouve une distinction assez simple, présente dans de nombreux romans à la première personne, entre la voix du héros, celui qui « agit » dans le récit, et, la doublant constamment, la voix du narrateur, celui qui, avec le recul de nombreuses années, a appris ou compris un certain nombre de choses. C'est la voix qui se livre à de nombreuses digressions, à des analepses* ou des prolepses* qui occupent souvent une place immense dans le récit. C'est pourquoi, le héros de Proust n'ayant pas de nom propre, on le désigne constamment comme le narrateur – mais il ne faut pas oublier que celui qui « écrit » n'a pas le même point de vue que celui qui a vécu. On en trouvera fréquemment des exemples.

Cependant, le début de la *Recherche* ajoute un niveau de complexité supplémentaire. Proust a écrit de *Sylvie* que c'était le « rêve d'un rêve » et souligné l'emboîtement des souvenirs dans le récit de Nerval. C'est cette structure se prêtant à des effets particulièrement poétiques qui fonde le début de *Du côté de chez Swann*. Que signifie en effet le célèbre incipit*, si frappant dans sa brièveté et sa simplicité ? On pourrait penser que le narrateur du récit, dont on apprendra plus tard qu'il ne dort plus que le jour, se souvient ici de l'enfant qu'il fut, et qui se « [couchait] de bonne heure ». Mais, en réalité, il existe un relais intermédiaire : le narrateur se souvient de celui qu'il était à un certain moment de son existence, où si il se couchait certes comme tout le monde, mais se réveillait pendant la nuit, et passait son temps à se souvenir de son passé, et en particulier des différentes chambres où il avait couché, et qui se confondaient dans l'obscurité de la chambre. Ce personnage intermédiaire, que de nombreux critiques appellent le « dormeur éveillé », par référence à un conte des *Mille et Une Nuits* tant appréciées de Proust, est aussi celui qui, à la fin de « Combray », se souvient de l'histoire de Swann, qu'on lui a racontée jadis. Ce n'est qu'au début de la IIIe partie de *Du côté de chez Swann*, « Noms de pays : le nom », que ce relais s'efface : on a l'impression que le récit qui va suivre, à partir des souvenirs des Champs-Élysées, est entièrement à mettre sur le compte du narrateur qui raconte sa vie passée, d'un narrateur qui se souvient alors, non plus de l'insomniaque, mais de celui qu'il était adolescent et adulte.

En réalité, en toute rigueur, il faut considérer que ces souvenirs sont toujours ceux de l'insomniaque, qu'on devrait retrouver, à un moment indéterminé de l'âge adulte, peu avant la matinée Guermantes, où cet insomniaque a reçu la révélation de l'œuvre à faire. Mais Proust a supprimé le « raccord » dans *Le Temps retrouvé*. Tout au plus cela explique-t-il l'écart temporel qu'on y trouve entre les derniers souvenirs évoqués (la guerre) et le moment où reprend le récit (la matinée Guermantes, bien des années après).

L'épisode de la madeleine

C'est aussi cette complexité qui explique qu'il y ait deux « Combray ». Car ce « dormeur éveillé », cet insomniaque, ce personnage qu'a été le héros de Proust avant de parvenir à la révélation du *Temps retrouvé*, est aussi celui qui un jour rentre chez lui, accablé par son existence, et qui éprouve, en une fulguration incompréhensible, la résurrection de toute son enfance. Ainsi Combray est-il raconté deux fois. D'un côté, nous avons un premier récit isolé de Combray, tout ce qui a trait « au drame du coucher » : une série d'images obsédantes, comme on en trouve si souvent dans la *Recherche*, et dont la mémoire affective a gardé la trace car c'est justement un épisode traumatisant. Et puis, le second récit, celui qui est sorti « villages et jardins » de la tasse de thé : toute la vie, tout ce qui manquait au premier récit. Opposition qui se marque également dans les temps du récit : après le récit dramatique et rapide dans l'épisode du baiser du soir, on entre dans le temps de la chronique, où sont privilégiées les formes itératives, qui donnent l'impression que le temps s'est arrêté.

Ainsi, l'épisode de la madeleine permet de distinguer dès le début les deux mémoires, distinction qui sera réutilisée plus tard, et dès « Un amour de Swann », lorsque celui-ci comprend, en entendant à l'improviste la sonate de Vinteuil, qu'Odette ne l'aime plus, parce qu'il revoit les véritables souvenirs de son amour heureux, que sa mémoire volontaire pouvait lui présenter sous une forme relativement supportable. Mais surtout cet épisode, qui n'est que le premier d'une série d'appels qui auraient dû faire comprendre au narrateur quelle était sa voie, donne à la *Recherche* sa structure particulière et empêche de la prendre pour une simple fiction autobiographique.

Le modèle amoureux : Swann l'initiateur

Parmi les aspects essentiels annoncés dès *Du côté de chez Swann* se trouve naturellement la peinture de l'amour. Ici encore, il faut comprendre la construction particulière qui est celle de *Du côté de chez Swann* : sans doute Proust, dans ses lettres aux éditeurs, cherche-t-il toujours à attirer l'attention sur « Un amour de Swann », pressentant que c'est la partie la plus attrayante du roman, la plus traditionnelle aussi. On peut en effet voir dans cette histoire d'un amour un roman d'analyse « à la française ». Mais ce n'est pas un roman isolé. Aux rêveries du narrateur pendant ses promenades, attendant l'amour, va s'opposer une peinture cruelle de l'amour conçu comme une maladie, et dans laquelle Proust a sans aucun doute voulu prendre le contrepied de l'ouvrage de Stendhal, *De l'amour*. Sans doute lui emprunte-t-il le mécanisme de la cristallisation* : comme chez Stendhal, la possibilité d'être aimé suffit parfois à faire naître l'amour. Mais ensuite, Proust met en évidence le caractère maladif de l'amour, son développement absurde, jusqu'au moment où l'amour n'est « plus opérable ».

Cet amour-maladie va en même temps servir de modèle et de préfiguration pour toute la *Recherche*. Pas seulement au sens où les amours successives du narrateur vont se conformer au modèle fourni par Swann : Gilberte et Albertine, mais aussi les amours d'autres personnages (Saint-Loup, Charlus). Inversement, on peut aussi dire que dans la construction de *Du côté de chez Swann*, le narrateur lui aussi « préfigure » les souffrances de Swann : alors que Swann est la cause involontaire du « drame du coucher », il est aussi celui qui pourrait le mieux comprendre les souffrances du narrateur, car lui aussi a connu cette angoisse qu'il y a à sentir que l'être qu'on aime s'amuse loin de vous. Et, comme le notera le narrateur dans « Un amour de Swann », Swann, lui, au moment où ses rapports avec Odette commencent à se dégrader, ne connaît même pas la douceur apaisante des baisers maternels. Ici s'amorce ce lien constant dans la *Recherche*, et qui sera rappelé à propos d'Albertine, entre la souffrance de l'enfant et celle du jaloux, entre la douceur des baisers du soir et celle des baisers d'Albertine.

Mais il y a préfiguration aussi parce que justement Swann, déchiré comme le sera le narrateur entre l'art et la vie, a choisi la vie, a cru que l'appel de la petite phrase de la sonate de Vinteuil était celui de l'amour, a aimé Odette parce qu'elle ressemblait à la Zéphora de Botticelli. Swann ne sera jamais un artiste, il annonce le sort du narrateur de même que, dans la théologie catholique, Moïse, le prophète du peuple juif, est une préfiguration de la venue du Christ. Comme Moïse, Swann mourra sans être entré dans la Terre promise, c'est-à-dire, sans avoir connu la révélation de l'art.

Le modèle mondain

Puisque tous les grands thèmes futurs de la *Recherche* sont ainsi rassemblés dans *Du côté de chez Swann*, on ne s'étonnera pas de trouver déjà une amorce des grands tableaux mondains qui tiendront ensuite tant de place. Une fois de plus, on retrouve l'opposition « Combray »/« Un amour de Swann ». À Combray, le « monde » est ignoré. Swann, qui cache derrière ses apparences tranquilles de fils d'agent de change des invitations chez les Guermantes et chez les princes, est une créature aussi magique que celles des *Mille et Une Nuits*. Pourtant, le monde est en même temps aperçu de loin, objet de convoitise déjà : à travers le personnage de Legrandin, qui révèle son snobisme dans des circonstances ridicules, à travers la rêverie poétique sur le nom de Guermantes, colorée de littérature médiévale. Cependant, il y a aussi une comédie mondaine de Combray, dont la famille du narrateur est un excellent exemple, et en particulier la tante Léonie qui, depuis son lit, organise les visites et commente la vie sociale de Combray, et dont la vie est comparée par le narrateur à celle de la cour de Louis XIV décrite dans les *Mémoires* de Saint-Simon. À cela va s'opposer la vision du monde de Swann, qui souffre, lorsqu'il retourne dans le monde, de s'être éloigné de son amour. Mais en même temps, la société du faubourg Saint-Germain, si stupide soit-elle, fait apparaître tous les ridicules et le caractère ignoble des Verdurin : Swann avait commencé par faire l'éloge des Verdurin lorsqu'ils favorisaient ses amours. Séparé par eux d'Odette, il retrouve des vertus à l'élégante aristocratie, retombant dans un excès inverse. Cette palinodie montre bien l'inconsistance de la mondanité.

Le roman de l'enfance

On a souvent dit qu'il y avait peu d'enfants dans la *Recherche* et que le narrateur lui-même, dont on ignore l'âge, ressemblait bien peu à un enfant, même dans les premiers volumes. Pourtant, *Du côté de chez Swann* est bien un roman de l'enfance, au sens où il respecte les perceptions de cet âge. Non pas à la manière d'un Joyce qui, dans son *Portrait de l'artiste en jeune homme*, emploie, pour décrire les premières années de son héros, le langage même du petit garçon, mais en s'efforçant de respecter cette illusion qui est celle de l'enfance, et que le narrateur définit dans *À l'ombre des jeunes filles en fleurs* : « [...] la caractéristique de l'âge ridicule que je traversais – âge nullement ingrat, très fécond – est qu'on n'y consulte pas l'intelligence et que les moindres attributs des êtres semblent faire partie indivisible de leur personnalité. Tout entouré de monstres et de dieux, on ne connaît guère le calme. Il n'y a presque pas un des gestes qu'on a faits alors, qu'on ne voudrait plus tard pouvoir abolir. Mais ce qu'on devrait regretter au contraire, c'est de ne plus posséder la spontanéité qui nous les faisait accomplir. Plus tard on voit les choses d'une façon plus pratique, en pleine conformité avec le reste de la société, mais l'adolescence est le seul temps où l'on ait appris quelque chose. » Ces monstres et ces dieux habitent en effet Combray, grand-tante que le narrateur voudrait battre lorsqu'elle fait souffrir sa grand-mère, père du narrateur qui l'aidera, le moment venu, à accomplir sa carrière littéraire quand bien même il n'aurait aucune inspiration…

Les deux côtés : la « vocation invisible »

On l'a vu, on trouve fréquemment dans *Du côté de chez Swann* un système d'oppositions binaires ; mais c'est au fond tout « Combray » qui est fondé sur une bipolarité qui appartient, elle aussi, au monde de l'enfance, et qui est celle des deux « côtés » de la promenade : d'un côté les lilas et la plaine, de l'autre, les nymphéas et la rivière. Mais ces deux côtés, s'ils façonnent à jamais l'imagination du narrateur, annoncent également les deux côtés qui structurent l'itinéraire du narrateur : celui de l'amour et du monde, auxquels le narrateur va sacrifier tant de temps ; et celui de la rêverie sur les noms, de l'imagination littéraire, des clochers de Martinville, et qui est celui de la vocation littéraire encore invisible.

À l'ombre des jeunes filles en fleurs
(1919)

C'est avec ce volume que Proust, après les années de silence de la guerre, revenait sur la scène littéraire. À l'origine, ce volume n'existait pas. Pourtant Proust avait prévu depuis longtemps de faire connaître à son héros des jeunes filles au bord de la mer. Mais c'est à partir du moment où, juste avant la guerre, il décide de donner plus d'extension au cycle des amours avec Albertine que le volume va devenir autonome : à la veille de la guerre *À l'ombre des jeunes filles en fleurs* est annoncé, mais il sera encore enrichi de nombreuses additions. C'est le volume qui a sans doute valu à Proust la plus grande notoriété, de son vivant du moins, puisqu'il a obtenu le prix Goncourt. Habituellement, ce prix était proposé à un écrivain plus jeune. De plus, il était en concurrence avec le roman « patriotique » de Roland Dorgelès, *Les Croix de bois*. Dans l'atmosphère volontiers revancharde et militariste de cette époque, le roman de Proust paraissait « avant-guerre », et lui-même un vieil homme. Mais les amis de Proust arguaient du fait que c'était un écrivain qui, malgré son âge en effet, faisait véritablement son entrée en littérature. Quant à la modernité que soulignaient justement ses partisans, ce renversement perpétuel de la vision et de l'impression, c'est Elstir, le peintre de la *Recherche*, qui va en constituer un paradigme*.

RÉSUMÉ

I. « Autour de Mme Swann »

Swann est à présent marié, et complètement transformé. Odette est tenue à l'écart du monde aristocratique, et Swann, qui cachait autrefois ses relations brillantes, s'enorgueillit à présent de ses amis bourgeois. Le narrateur, quant à lui, rêve d'être introduit chez les Swann. Il entend parler de ces derniers par M. de Norpois, un vieux diplomate collègue de son père. M. de Norpois a convaincu les parents du narrateur d'autoriser leur fils à écouter la Berma au théâtre. Celui-ci est très déçu, et feint d'être admiratif devant M. de Norpois, invité le soir même à dîner, qui l'encourage également à devenir écrivain. Mais sa conception de la littérature est tellement différente de celle du narrateur que celui-ci ne croit pas avoir de vocation. Après ce dîner, le narrateur continue à voir Gilberte aux Champs-Élysées. Elle finit par l'inviter chez elle. Désormais, le narrateur, ami de Gilberte, l'est également des parents. Ceux-ci l'invitent en compagnie de Bergotte. C'est l'occasion d'une nouvelle déception : l'homme ressemble bien peu à l'œuvre. Devenant de plus en plus familier avec Gilberte, le narrateur irrite néanmoins celle-ci. À la suite d'une brouille passagère, il décide de ne plus la voir. Il se rend cependant chez Mme Swann en l'absence de Gilberte, et se promet chaque jour de mettre fin à son supplice volontaire. Mais la lettre de réconciliation de Gilberte ne vient jamais. Entre-temps le narrateur, grâce à son ami Bloch, se met à fréquenter des maisons de passe. Un jour, alors que le narrateur, décidé à revoir Gilberte, lui apporte des fleurs, il l'aperçoit en compagnie d'un jeune homme. Peu à peu, il se détache définitivement, tout en continuant à admirer Mme Swann.

II. « Noms de pays : le pays »

Deux ans plus tard, le narrateur part pour Balbec en compagnie de sa grand-mère. Il est déçu par l'église de Balbec, dont lui avait parlé Legrandin. Il est surtout étreint par l'angoisse à l'arrivée à Balbec-Plage. Il ne supporte pas l'idée de passer la nuit dans une chambre inconnue. Mais sa grand-mère le réconforte. Au Grand Hôtel, où ils sont descendus, le narrateur souffre du mépris des autres clients, qu'il croit très élégants. Heureusement, sa grand-mère retrouve Mme de Villeparisis, une aristocrate, ancienne amie de couvent, qui les emmène dans sa voiture pour de longues promenades au bord de la mer. Un jour, près d'Hudimesnil, le narrateur ressent un étrange appel devant des arbres qui lui rappellent les sensations éprouvées à Combray, en particulier devant les clochers de Martinville. Mais il n'éclaircira jamais cette étrange intuition. Il se fait un nouvel ami, Robert de Saint-Loup, neveu de Mme de Villeparisis, qu'il croyait très méprisant. En fait, c'est un « intellectuel » qui admire l'intelligence du narrateur. Celui-ci trouve pourtant stériles les plaisirs de l'amitié. Le narrateur retrouve aussi son camarade Bloch, un Juif qui manifeste un antisémitisme frappant. Un jour, le narrateur remarque un homme qui le fixe d'un regard étrange : après l'avoir pris pour un fou, il apprend que c'est l'oncle de Saint-Loup, le baron de Charlus, un original qui déteste tout ce qui est efféminé et est très imbu de sa position sociale. Le narrateur reconnaît en lui l'homme qui le regardait depuis le parc de Tansonville. Il comprend aussi que, de ce fait, la vieille Mme de Villeparisis est elle aussi une Guermantes. Saint-Loup est surtout préoccupé par son amour malheureux pour sa maîtresse Rachel, une actrice d'avant-garde, liaison désapprouvée par sa famille. Le narrateur, quant à lui, aimerait tomber amoureux. Il croise un jour une petite bande d'adolescentes belles et désinvoltes. Il les revoit souvent sans parvenir à faire leur connaissance. En revanche, il devient, avec Saint-Loup, l'ami d'Elstir, le célèbre peintre, qui les invite dans son atelier. Le narrateur y découvre une manière de peindre qui inverse les rapports habituels des choses, en jouant sur les effets d'optique, les « métaphores ». Il redonne un nouvel intérêt poétique à Balbec. Le narrateur découvre aussi qu'Elstir n'est autre que « M. Biche », le peintre qui fréquentait le salon des Verdurin à l'époque de Swann. C'est par Elstir que le narrateur va finalement faire la connaissance de la bande d'adolescentes, qui sont beaucoup plus sages qu'elles n'en avaient l'air. Il les revoit tous les jours, et, partageant leurs jeux presque enfantins, préfère leur compagnie à celle d'Elstir. Son amour, d'abord imprécis, se fixe sur la figure d'Albertine, qui lui manifeste aussi sa préférence. Elle l'invite même à passer dans sa chambre. Mais elle refuse de lui donner un baiser. C'est la fin de la saison : le narrateur rentre à Paris.

Le « vert paradis des amours enfantines »

Sans doute ce vers de Baudelaire pourrait-il servir d'épigraphe à ce volume dont le titre, outre la référence wagnérienne aux « filles-fleurs » (*Parsifal*), indique bien que l'atmosphère est celle des amours naissantes. Et, de fait, c'est un univers presque encore enfantin que celui où évolue le narrateur, contrastant avec son apparente maturité intellectuelle, celle qui lui vaut l'amitié de Saint-Loup. Ainsi, c'est au jardin des Champs-Élysées que le narrateur retrouve tous les jours Gilberte, pour jouer avec elle aux « barres » ou au ballon. De même, un peu plus tard, avec Albertine et sa petite bande, on joue au « furet ». Les jeunes filles s'apprêtent à passer le brevet, ce qui donne lieu à une scène parodique, une des rares occasions où apparaît l'univers scolaire, et où Andrée fait la preuve de sa supériorité intellectuelle sur Albertine en imaginant le corrigé d'un « devoir de français » sur Sophocle et Racine, qui sera plus tard, dans *La Prisonnière*, un sujet de plaisanterie rétrospective. Si le narrateur, comme le lui reproche sa grand-mère, prend plus de plaisir dans la compagnie de ces petites filles que dans la fréquentation d'Elstir, c'est qu'il goûte en leur présence un plaisir poétique plus profond que le simple contact intellectuel – ce qui est à mettre en rapport avec la critique de l'amitié, mais doit rappeler également les considérations sur la lecture inspirées à Proust par Ruskin : aucune lecture, si enrichissante soit-elle, ne peut remplacer l'approfondissement de nos propres sensations.

Les souffrances de l'adulte

Or, les amours du narrateur ne sont pas seulement l'occasion de jeux innocents. D'ailleurs, ces jeux eux-mêmes sont-ils si innocents ? Avant de se révéler des adolescentes studieuses, c'est d'abord pour leur sensualité ou leur perversité supposées qu'Albertine et ses amies sont remarquées par le narrateur, qui voit en elles les maîtresses de sportifs ou de mauvais garçons. De même, à l'occasion d'un jeu provoqué par Gilberte, le narrateur goûte-t-il un plaisir que l'adolescente feint de ne pas remarquer.

Si les plaisirs sont déjà ceux de l'adulte, c'est surtout par la souffrance que l'amour se manifeste dans l'univers proustien. L'amour n'est pas encore, comme il l'a été pour Swann et le sera plus tard pour le narrateur amoureux d'Albertine, associé à la jalousie : la scène qui suscite l'éloignement du narrateur, Gilberte au bras d'un autre, n'est pas ce qui fait naître l'amour, mais au contraire ce qui lui donne la force de rompre. Mais l'amour est douloureux d'être cru réel : à ce stade de son initiation, le narrateur n'a pas encore appris que l'amour n'est qu'une création subjective, née du regard porté sur l'autre et du besoin de s'approprier sa vie. Aussi n'a-t-il de cesse – dans la meilleure tradition du roman d'apprentissage – de «déclarer» son amour, convaincu que l'être aimé ne peut que partager ses sentiments. Épisode symbolique, de ce point de vue, que ce 1er janvier à l'occasion duquel, le narrateur en est persuadé, Gilberte va lui écrire et répondre à son amour. Mais le Jour de l'An se passe sans que vienne d'elle le moindre signe. Le narrateur le souligne, il vient de connaître son premier Jour de l'An d'adulte, qui met fin à la croyance enfantine selon laquelle certains jours sont différents des autres. L'autre pas vers l'âge d'homme est l'habitude de la séparation, l'expérience de la rupture, la répétition, de manière plus développée, de l'expérience vécue par Swann avec la mère de Gilberte.

Mais il ne s'agit encore, pour emprunter une image à l'univers d'Elstir, que d'une légère «esquisse» du chagrin causé par l'amour. De manière significative, le personnage d'Albertine est encore du côté de la frivolité et du jeu, inséparable de l'atmosphère légère des bains de mer – les souffrances viendront plus tard, en écho, à l'issue du second séjour à Balbec.

Critique de l'amitié

L'amour n'est pas la seule occasion d'un apprentissage dans À l'ombre des jeunes filles en fleurs. Jusqu'ici, le narrateur était seul. C'est dans la solitude qu'il accomplissait ses promenades aux environs de Combray. Avec Gilberte, avec Albertine, il se contente de jouer. Il avait un camarade, Bloch, qui, s'il a été l'initiateur en matière sexuelle, en indiquant au narrateur l'adresse d'une maison close, est surtout l'occasion de sarcasmes. Avec Saint-Loup, le narrateur va connaître la douceur d'une amitié qui ne se démentira plus, d'autant plus douce qu'à son arrivée à Balbec, le narrateur souffrait cruellement du mépris supposé des clients de l'hôtel, tous unis par de longues relations. De plus, la connaissance de Saint-Loup est l'occasion d'une réflexion sur l'image mouvante des êtres, puisque Saint-Loup, qui paraissait inaccessible, se révèle, contre toute attente, plein d'admiration pour le narrateur. Cependant, cette amitié conquise presque sans effort est décevante, car elle écarte du véritable échange avec soi-même, donc pour une raison essentielle. Mais aussi, à propos de Saint-Loup, à l'occasion d'une réflexion sur l'aristocratie : si celui-ci est un de ces jeunes nobles démocrates comme Proust en a rencontré, passionnés par la vie intellectuelle, sa grâce et sa finesse sont cependant le résultat de siècles de raffinement et d'éducation. Si Proust ne se fait pas faute – démentant en cela les accusations incessantes de snobisme qui lui ont été si souvent prodiguées – de montrer la bêtise et l'ignorance de l'aristocratie, sources de bien des scènes comiques dans la *Recherche*, il se plaît à voir dans les êtres ce qui est au-delà ou en deçà d'eux, et qui ne leur appartient pas plus que Françoise, vieille paysanne de Combray, n'employait volontairement des expressions d'un français très ancien. Enfin, Saint-Loup n'est «pas assez intelligent pour comprendre que la valeur intellectuelle n'a rien à voir avec l'adhésion à une certaine formule esthétique», et juge ceux qu'il connaît en fonction de leurs goûts artistiques.

Équivalent masculin, par sa blondeur et sa grâce, de sa tante la duchesse de Guermantes, Saint-Loup représente aussi le Sésame magique grâce auquel le narrateur pénétrera dans le faubourg Saint-Germain. À vrai dire, à ce stade de son itinéraire, le narrateur fréquente déjà des Guermantes : la scène où il découvre que la vieille Mme de Villeparisis, avec son vieux bonnet de laine noire, qui paraît si peu élégante aux bourgeois de l'hôtel, et dont il a entendu parler depuis si longtemps par sa grand-mère, est une Guermantes, annonce celle du *Côté de Guermantes* où le narrateur fait la même découverte à propos de l'étrange baron de Charlus : c'est l'une de ces révélations inattendues qui déplacent l'image d'un être et structurent la *Recherche*.

Doutes et désillusions

Si *À l'ombre des jeunes filles en fleurs* est déjà le lieu d'un apprentissage, celui-ci s'accompagne nécessairement de déceptions : en témoigne le sous-titre de la seconde partie, qui répond à celui de la dernière partie de *Du côté de chez Swann* : «Noms de pays : le pays» signifie la confrontation du rêve avec la réalité, et en particulier la fin de la rêverie poétique sur les noms, qui s'achèvera, dans le volume suivant, avec la découverte de la réalité des Guermantes.

Cependant, c'est dans le domaine de l'art que les premières déceptions sont les plus cruelles : ainsi, après avoir rêvé d'entendre la Berma, le narrateur est-il déçu par la qualité de ses impressions ; il ne comprendra que plus tard que la nouveauté même d'un art en retarde l'appréciation. Mais ce sont surtout ses propres dispositions pour la littérature qui sont en question. Sans doute M. de Norpois, très écouté des parents du narrateur, réussit-il à persuader ceux-ci que cette voie est aussi honorable que d'autres. Mais dès lors, le narrateur est tenu de produire quelque chose : et il découvre les affres de l'impuissance, la difficulté de trouver un sujet. Plus tard, la Berma, écoutée de nouveau, et avant elle Elstir, lui apprendront que ce n'est pas le sujet de l'œuvre qui compte, mais son interprétation. Pour le moment, les seules leçons de littérature sont celles qui lui sont transmises par M. de Norpois et Mme de Villeparisis, qui ne forment pas un couple par hasard (on découvrira dans *Le Côté de Guermantes* qu'ils entretiennent une liaison vieille de vingt ans) : si le premier s'oppose aux tenants de l'art pour l'art, qualifiés de « joueurs de flûte », et critique Bergotte, la seconde, dont le discours est un pastiche de Sainte-Beuve, ne juge les écrivains qu'en fonction de leur personnalité sociale, et ne s'intéresse qu'aux ridicules de Victor Hugo et de Chateaubriand.

Enfin, plus grave encore, un épisode semble signifier l'échec du narrateur : ces arbres isolés qui semblent adresser un appel mystérieux au narrateur, sans qu'il puisse démêler s'il s'agit d'un phénomène de mémoire involontaire, ou d'une impression à éclaircir, comme celles suscitées par les aubépines jadis ou les clochers de Martinville. Seul signe à rester à jamais indéchiffré par le narrateur, même après les révélations du *Temps retrouvé*, il semble indiquer le détour que le narrateur s'apprête à accomplir en s'engageant dans la voie de la mondanité et de l'amour.

Elstir et la modernité

Le narrateur, rappelons-le, était parti pour Balbec sur les conseils de Legrandin, qui en faisait un lieu purement poétique. Mais sa déception, devant la réalité de la petite station balnéaire, va pourtant se muer de nouveau en plaisir poétique. Encore faut-il qu'un artiste – qui ne fait, comme l'écrira Proust dans *Le Temps retrouvé*, que présenter un instrument d'optique à son public – lui permette de voir les choses sous un jour nouveau. C'est l'importance de la rencontre d'Elstir, qui lui apprendra à trouver de la beauté dans les éléments les plus prosaïques : yachts, villas, bâtiments modernes, toilettes de bord de mer. Et ainsi l'artiste moderne, au lieu de rechercher une beauté qui existe déjà dans les objets, et de se contenter de la reproduire artificiellement, doit donner, par le regard qu'il porte sur les choses, un aspect nouveau à la réalité. Désormais le narrateur se plaira à contempler la plage, parce qu'il parvient à y voir les éléments d'une « marine » elstirienne.

Les « métaphores »

Pourtant, ce n'est pas seulement comme esthétique de la modernité que l'esthétique d'Elstir est fondamentale : c'est qu'elle enseigne le secret d'une technique qui est la base de l'écriture de la *Recherche* et qui est tout simplement ce que le narrateur appelle des « métaphores ». Le terme peut surprendre en matière picturale ; une double comparaison l'explique : le narrateur, en route vers Balbec avec sa grand-mère, lit l'écrivain préféré de cette dernière, Mme de Sévigné, découvrant chez celle-ci une ressemblance avec un peintre qu'il ne connaît pas encore, Elstir, et un écrivain à qui il ne pourra la comparer que plus tard, Dostoïevski. Car Mme de Sévigné, comme Elstir, comme Dostoïevski, « au lieu de présenter les choses dans l'ordre logique, c'est-à-dire en commençant par la cause, nous montre d'abord l'effet, l'illusion qui nous frappe ». Ainsi Elstir peint-il les jeux de reflet d'un village au bord de la mer, mêlant toits des maisons et mâts des bateaux de telle sorte que la terre et la mer semblent avoir échangé leurs déterminations. Ces « effets d'Elstir où la mer a l'air d'être dans le ciel », ces illusions d'optique, ces « trompe-l'œil » permettent donc de comprendre la signification de la métaphore dans l'écriture de Proust, qui doit provoquer un effet de surprise en inversant les rapports habituels des choses.

Et c'est pourquoi on peut parler d'une écriture « picturale » dans la *Recherche* de manière générale, et dans *À l'ombre des jeunes filles en fleurs* en particulier. C'est en effet le volume de la *Recherche* qui contient le plus de descriptions conçues comme des tableaux, jouant sur la variété des effets de lumière et des paysages marins. Dans cette perspective, on a souvent souligné le caractère emblématique de la chambre du narrateur au Grand Hôtel, meublée de bibliothèques vitrées, qui, reflétant à l'infini la « vue » du bord de mer, ressemblent à un polyptyque*, composé d'une série de tableaux différents. Inversement, il ne faut pas chercher dans la peinture d'Elstir celle d'un peintre en particulier : il n'est ni Monet, ni Whistler, ni Turner, mais tout cela à la fois, et correspond à la conception proustienne du peintre moderne.

Une leçon de sagesse

Dès les *Jeunes filles en fleurs* commence ce mouvement des révélations qui structurent si fortement la *Recherche* ; mais il n'est pas indifférent que l'une d'elles concerne justement Elstir. Celui-ci était M. Biche, le peintre grotesque qui fréquentait les Verdurin à l'époque de Swann : sa personnalité sociale n'avait rien à voir avec son génie réel, démonstration qui vient détruire les propos inspirés de Sainte-Beuve de Mme de Villeparisis. D'où la leçon d'Elstir, qui est aussi une leçon de sagesse : de même que l'art véritable est fondé sur des illusions d'optique, de même l'erreur est utile, et du moins ne gagne-t-on rien à vouloir l'éviter. Elstir est l'un des premiers initiateurs du narrateur en matière artistique : plus tard il s'effacera mais ses principes ne seront jamais oubliés, alors même que le narrateur s'est détaché depuis longtemps de Bergotte au profit d'écrivains plus novateurs.

Le Côté de Guermantes (1920-21)

C'est encore pour des raisons éditoriales que *Le Côté de Guermantes* a paru en deux volumes. Car si les deux parties constituent clairement un diptyque, un épisode joue le rôle de charnière : la maladie et la mort de la grand-mère. *Le Côté de Guermantes* est un des titres les plus anciens prévus par Proust : à l'origine, il s'opposait plus nettement à *Du côté de chez Swann*. Pourtant, on perçoit encore nettement à quel point l'entrée dans le monde des Guermantes représente une étape décisive.

RÉSUMÉ

I. Le narrateur et sa famille viennent de déménager. Leur appartement se trouve dans une aile de l'hôtel particulier occupé par les Guermantes. La rêverie poétique du narrateur sur le nom des Guermantes, presque évanouie, est réveillée par l'idée de la brillante situation mondaine de la duchesse de Guermantes, qui a le premier salon du faubourg Saint-Germain. Pourtant, elle semble une femme comme les autres. Le narrateur croit néanmoins que son salon est d'une essence différente. Un soir, il se voit proposer une loge à l'Opéra, où la Berma doit jouer Phèdre. Il s'y rend dans l'espoir d'apercevoir la duchesse, et reçoit enfin la révélation de l'art de la tragédienne, qu'il n'avait pas compris autrefois. La duchesse et la princesse de Guermantes, différentes par leur beauté et leurs toilettes, sont semblables à des déités* marines dans leurs « baignoires ». Le narrateur est ébloui car la duchesse lui sourit. Désormais, tous les matins, il se poste sur son chemin pour la saluer, peu soucieux de l'indisposer. Ne parvenant pas à attirer son attention, il se rend à Doncières, dans la ville de garnison où se trouve Saint-Loup. Celui-ci le présente à ses amis officiers. Le narrateur a avec eux de longues conversations sur la stratégie militaire. Un appel téléphonique de sa grand-mère, malade, lui donne cependant le besoin anxieux de rentrer. À son retour, il retrouve une étrangère, chez qui l'approche de la mort est visible. Il reprend ses promenades sans espoir dédiées à Mme de Guermantes.

Un jour, Saint-Loup, en permission à Paris, lui présente sa maîtresse Rachel, avec qui ruptures et réconciliations se succèdent. Le narrateur reconnaît en elle une prostituée rencontrée autrefois. À présent actrice, elle inspire à Robert une constante jalousie. Le même jour, le narrateur assiste à une matinée chez Mme de Villeparisis. Autrefois pourvue d'une très grande position mondaine, elle l'a sacrifiée pendant sa jeunesse et s'efforce en vain de reconstituer un salon mondain. En fait, les personnages les plus divers se succèdent chez elle, y compris Legrandin, rencontré le matin même par le narrateur, professant toujours du mépris pour le monde. Tout le monde commence à discuter de l'affaire Dreyfus. Bloch interroge longuement M. de Norpois – dont le narrateur a découvert qu'il est le vieil amant de Mme de Villeparisis – sans arriver à connaître sa position. Mme de Guermantes entre à son tour. Elle est polie mais froide avec le narrateur, et tient des propos stupides sur la poésie moderne. Elle part pour ne pas croiser Mme Swann, à présent reçue dans les salons bien-pensants grâce à son antidreyfusisme, malgré son mariage avec Swann. Le narrateur vient d'apprendre que c'était elle la « dame en rose » de son enfance. Le narrateur retrouve aussi M. de Charlus, et apprend que celui-ci est le frère du duc de Guermantes. Le narrateur est raccompagné par M. de Charlus qui lui tient des propos d'une violence étrange sur Bloch et les Juifs, et s'offre d'autre part à lui servir de guide dans le monde.

La grand-mère du narrateur est toujours malade. On croit d'abord que sa maladie est purement nerveuse, mais au cours d'une promenade avec le narrateur, elle a une petite attaque.

II. 1. Le narrateur parvient à amener sa grand-mère chez un grand médecin, qui la reçoit rapidement et déclare au narrateur qu'elle est perdue. Commence alors le chagrin muet de la mère, et le long traitement de la grand-mère, atteinte d'urémie. Pendant la lente agonie de la grand-mère, de nombreux personnages se succèdent à son chevet, y compris Bergotte, lui-même proche de la mort. Après bien des souffrances, la grand-mère retrouve avec la mort son visage pur de jeune fille.

2. Quelques mois plus tard, le narrateur reçoit à l'improviste une visite d'Albertine, dont le vocabulaire nouveau révèle qu'elle a mûri. Elle se laisse embrasser et caresser par le narrateur. Mais le narrateur ne l'aime plus, et ne songe qu'à Mme de Stermaria, entrevue jadis à Balbec. Il est invité à une soirée chez Mme de Villeparisis, et voit la duchesse de Guermantes, qu'il a brusquement cessé d'aimer. Celle-ci devient alors aimable, et l'invite à dîner chez elle, cédant à la curiosité.

Le narrateur, qui a refusé pour cela une visite d'Albertine, attend l'heure de son rendez-vous avec Mme de Stermaria. Celle-ci se décommande, mais la visite de Saint-Loup console le narrateur. Il se montre très amical avec lui. Le narrateur passe ce soir-là, en négligeant d'approfondir certaines impressions, à côté de « la vocation invisible dont cet ouvrage est l'histoire ».

Le lendemain a lieu le dîner des Guermantes. Le narrateur s'absorbe dans la contemplation des Elstir. Le dîner est l'occasion d'une vaste digression sur l'« esprit des Guermantes ». La duchesse s'est acquis un prestige particulier par son indépendance, et par sa prétention à n'estimer que l'esprit. Cependant la conversation est assez banale. Les « audaces » de la duchesse restent très limitées. Le narrateur, qui vient de faire son entrée dans le salon le plus fermé de l'aristocratie, en repart persuadé que celle-ci cache encore son mystère. Il doit, après ce dîner, rendre visite à M. de Charlus, qui l'accueille avec une explosion de colère incompréhensible, et finit par se radoucir, tout en écrasant le narrateur de ses sarcasmes. Il prétend qu'il ne pourra jamais entrer dans le salon, beaucoup plus fermé, de la princesse de Guermantes, qu'il juge supérieure à la duchesse. Deux mois plus tard, le narrateur est cependant invité chez la princesse. Il est tellement stupéfait qu'il décide de consulter le duc et la duchesse. En attendant leur retour, il se poste dans leur cour et fait une découverte dont il diffère le récit au volume suivant. Il a aussi l'occasion d'apprécier l'insensibilité des Guermantes, qui redoutent d'apprendre la mort de leur cousin qui les empêcherait d'assister à un bal, et écoutent d'un air distrait Swann, leur vieil ami, faire allusion à sa mort prochaine.

COMMENTAIRE

Le roman d'apprentissage

Ici encore, le roman adopte, sous son apparente discontinuité, la forme du roman d'apprentissage, voire du roman initiatique. L'entrée dans le monde des Guermantes se fait en effet en deux étapes, représentées par les deux grandes scènes mondaines qui occupent des centaines de pages et soulignent la structure binaire de l'ensemble. D'abord la « petite initiation », l'entrée au seuil du faubourg Saint-Germain, chez cette Mme de Villeparisis qui n'est qu'une Guermantes déclassée. Le narrateur en repart exalté et plus décidé que jamais à approcher la duchesse de Guermantes. Dans la seconde, le miracle s'est accompli : mais comme toujours chez Proust, s'approcher de l'objet désiré, c'est faire s'évanouir son charme. L'initiation a ceci de particulier qu'elle n'apporte nul savoir, éloignant au contraire le narrateur de sa véritable voie. Il n'en demeure pas moins que le narrateur, ayant réussi au terme du volume à être invité dans le salon le plus fermé de Paris, où seul le baron de Charlus prétendait pouvoir l'introduire, a conquis, comme tant d'autres héros de roman, comme les Rubempré et les Frédéric Moreau, la position mondaine qui lui manquait.

L'âge des noms

Mais, à la différence du héros balzacien ou flaubertien, ce n'est ni par ambition ni même par amour que le héros proustien souhaite s'introduire dans le monde. C'est à cause du pouvoir des noms, qui depuis l'époque de Combray, continuent d'exercer sur lui la même fascination. Hésitant sur les titres à donner à la *Recherche*, Proust avait songé à une trilogie : L'Âge des noms, L'Âge des mots, L'Âge des choses. C'est à l'âge des noms que celui de Guermantes a pu susciter tour à tour l'image d'une châtelaine médiévale, descendant de Geneviève de Brabant, tandis que le narrateur doit à présent découvrir, depuis ses fenêtres qui donnent sur la cour des Guermantes, une femme élégante comme une autre, qui met son chapeau pour sortir. Et c'est pourquoi le seul moment où il ne s'ennuie pas trop lors du fameux dîner si décevant, c'est celui où le duc de Guermantes évoque complaisamment la généalogie de sa famille – ce qui ennuie la duchesse férue de conversations « intellectuelles ». Car la rêverie généalogique est proche de la rêverie poétique, elle substitue à un être réel l'histoire de sa famille.

Au seuil du faubourg Saint-Germain

Ce n'est pas par hasard que les parents du narrateur, pour habiter un quartier plus favorable à la santé de sa grand-mère, sont venus s'établir dans un appartement dépendant de l'hôtel particulier des Guermantes. Cette position est en effet emblématique de la situation du narrateur : il rêve longtemps sur le « paillasson usé » des Guermantes, seuil de ce monde où il croyait ne jamais entrer. Mais, introduit dans le cercle enchanté, il reste cependant l'observateur extérieur, qui justifie tant de digressions et d'anticipations. Il est le seul à pouvoir interpréter ce monde, à lui donner sa poésie, qui est celle d'un monde en train de disparaître. Ce qui donne au *Côté de Guermantes* un aspect presque « documentaire ». On y retrouve certains usages, certaines particularités de la vie aristocratique de la fin du XIXe siècle, de même qu'« Un amour de Swann » ou le début d'*À l'ombre des jeunes filles en fleurs* était, à certains égards, le reflet d'une « Belle Époque » depuis longtemps révolue. Sans doute n'est-ce pas le propos de Proust que d'écrire une étude sur l'aristocratie : mais si l'écrivain ne doit pas chercher à reproduire servilement les mœurs et le langage des nobles, il peut cependant souligner certaines de leurs particularités, dont eux-mêmes ne sentent pas la poésie, et que seul un roturier imaginatif peut apprécier. À ceux qui l'accusaient encore de snobisme, Proust répondait ainsi, à propos de ce volume, qu'ayant fréquenté très jeune les salons les plus élégants, il avait toutefois cherché à se représenter l'état d'esprit de celui qui n'y aurait pas accès, et à peindre en quelque sorte le snobisme de l'intérieur. Mais de surcroît, et surtout au moment où Proust retravaille ces pages écrites depuis longtemps, c'est un monde qui tire surtout sa valeur d'avoir déjà disparu. L'une des étapes de cette disparition ou de ce bouleversement, avant la guerre, est l'affaire Dreyfus, qui allait diviser dura-blement la société française.

L'affaire Dreyfus comme kaléidoscope social

Dans *Jean Santeuil*, Proust faisait longuement allusion à l'affaire Dreyfus, à l'atmosphère du procès Zola ; on trouvait même des portraits de person-nages réels, tel celui du colonel Picquart. À présent, seul un bref para-graphe rappelle, à propos de Bloch qui y a assisté, l'atmosphère du pro-cès Zola et les émotions jadis ressenties par Jean. L'Affaire n'est plus qu'à l'arrière-plan, elle n'est plus évoquée que par réfraction, mais c'est à tra-vers elle que s'expliquent de nombreuses modifications des situations mondaines : les Juifs sont écartés de certains milieux bien-pensants, tandis que certaines bourgeoises bigotes, membres de comités antidreyfusards, parviennent ainsi à pénétrer dans les salons les plus fermés. Plus tard, la guerre produira le même effet dissolvant sur le monde, en mettant en valeur les femmes liées à certains ministres ou journalistes.

Cette évocation de l'affaire Dreyfus permet de souligner deux points : tout d'abord, l'œuvre de Proust n'est pas si étrangère qu'il y paraît aux grands événements de l'époque. Le profond bouleversement des mentali-tés entraîné par cette fracture de l'opinion française, la mise à nu d'un anti-sémitisme latent dans la société française, l'émergence de la figure de « l'intellectuel », dont Saint-Loup est l'exemple le plus accompli, tout ceci est présent dans la *Recherche* alors même que le caractère non réaliste de l'écriture est constamment revendiqué.

Mais ceci permet de comprendre le second point : alors que Proust a été, comme il s'en vante fréquemment, l'un des premiers « dreyfusards » et qu'il s'est passionnément « engagé » au sens plein du terme, il est parfois bien difficile, dans *Le Côté de Guermantes I*, de déterminer de quel bord se situe le narrateur. Tout au moins les dreyfusards, quand ce ne sont pas les Juifs eux-mêmes, apparaissent-ils bien souvent ridicules, tel Bloch, tandis que les antidreyfusards, qui expriment souvent un antisémitisme très violent, ne semblent pas condamnés en tant que tels. Proust s'en explique dans sa correspondance, en s'excusant auprès de ses amis, qui ont partagé les mêmes convictions que lui : « Ce qui m'ennuie dans ce Le Côté de Guermantes, écrit-il, c'est qu'il a l'air si antidreyfusard, par hasard, à cause des personnages qui y figurent. » Et il assure : « Il est vrai que le tome suivant est tellement dreyfusard que cela fera compensation. » Proust tient ainsi à préserver la loi de développement de chacun de ses personnages. Tandis que son narrateur paraît bien souvent envahissant, donnant ses avis et sa pensée sur tout, on s'aperçoit qu'en réalité la Recherche est aussi parfois une œuvre polyphonique où la voix de chaque personnage s'élève sans être soumise à un point de vue transcendant.

Une agonie

Si la matière du Côté de Guermantes dans son ensemble peut paraître frivole, à cause de l'abondance de scènes et de conversations mondaines, c'est pourtant l'un des volumes qui contient les pages les plus graves, puisque le passage d'un tome à l'autre se fait sous le signe de la mort, ou plus exactement de l'agonie, de la mort attendue et détaillée avec un réalisme souvent très cru. C'est sous le titre « Une agonie » que Proust avait publié en revue l'extrait du Côté de Guermantes I qui évoquait les derniers jours de la grand-mère, et c'est cette agonie qui domine à la fois le début du Côté de Guermantes II, et Le Côté de Guermantes I à travers l'épisode du coup de téléphone reçu à Doncières, où, pour la première fois, la relation avec la grand-mère est associée au mythe d'Orphée. Ce coup de fil, raconté sur le mode badin et ironique – les préposées du téléphone sont comparées à des divinités redoutables –, se termine sur une note angoissante, et de fait, lorsque le narrateur rentre à Paris, il trouve sa grand-mère déjà atteinte. Cette description de l'agonie, par ailleurs, est sans doute le moment où Proust utilise le plus de matériaux biographiques : sa grand-mère meurt d'urémie, comme Mme Proust, et l'évolution de sa maladie correspond aux détails donnés par l'écrivain dans sa correspondance. Mais c'est aussi une agonie littéraire, au sens où c'est un passage obligé chez de nombreux écrivains que Proust admire, comme l'agonie d'Emma dans Madame Bovary. On peut aussi relever ce détail emprunté, cette fois, à la vie d'un écrivain : ce moment où Françoise présente à la grand-mère inconsciente un miroir, et où celle-ci ne se reconnaît pas, rappelle l'agonie de Baudelaire, évoquée par Proust dans Contre Sainte-Beuve.

Cette mort a pour fonction de faire disparaître les derniers sentiments de vanité du narrateur, à l'image de sa mère, qui, rendue hagarde par la douleur, ne peut même pas comprendre en quoi la visite du duc de Germantes pendant l'agonie de sa mère est un honneur. Cette mort semble aussi envahir peu à peu l'univers de la *Recherche* : mort de Bergotte, annoncée par le narrateur – le vieil écrivain ne survit plus qu'à l'aide de somnifères –, mort de Swann, surtout, qui est l'occasion d'un des épisodes les plus célèbres et les plus cruellement drôles de la *Recherche*. Tandis que les Guermantes ont déjà sacrifié le respect dû à leur cousin mourant pour pouvoir se rendre tranquillement au bal où ils sont invités, et prennent prétexte de leur retard pour ne pas accorder trop d'importance aux propos élégants et désinvoltes de Swann répondant à la duchesse qu'il ne pourra l'accompagner en voyage l'an prochain parce qu'il sera probablement mort, le duc s'aperçoit que la duchesse n'a pas mis ses chaussures rouges assorties à sa robe. Dès lors, il n'est pas de retard qui tienne, il faut absolument que la duchesse puisse se changer. Cet épisode, qui clôt *Le Côté de Guermantes*, montre bien à quel point a évolué la vision du monde du narrateur. C'est la voie vers *Sodome et Gomorrhe* et ses autres révélations qui est ainsi ouverte.

Douceurs de l'amitié et mirages de l'amour

Si le narrateur va de déception en déception, force est néanmoins de constater qu'il n'est plus le petit garçon ou l'adolescent solitaire des premiers tomes de la *Recherche*. Outre ses relations mondaines, deux personnages prennent de l'importance dans *Le Côté de Guermantes*. Une grande partie du premier tome se passe en effet à Doncières, auprès de Saint-Loup, qui prodigue encore une fois toutes les douceurs de son amitié au narrateur. Le séjour à Doncières, s'il peut sembler loin des préoccupations habituelles du narrateur par la présence des longues conversations stratégiques – qui prendront tout leur sens plus loin, quand la guerre de 1914 aura éclaté –, demeure cependant un souvenir plein de douceur. Un épisode isolé fera pendant à ce long séjour, celui du « soir de l'amitié », où le narrateur, désespéré de voir son rendez-vous avec Mme de Stermaria décommandé, trouve en Saint-Loup un véritable réconfort – sans que pour autant le narrateur revienne sur la critique de l'amitié déjà développée dans le volume précédent, puisque précisément, la présence de Saint-Loup le fait passer à côté d'une révélation possible, signe discret à l'usage du lecteur attentif.

Mais on trouve un autre écho aux *Jeunes filles en fleurs* dans la réapparition d'Albertine muée en jeune fille sensuelle. Si le baiser qu'elle accorde au narrateur s'oppose au baiser refusé à Balbec comme l'entrée dans le salon Guermantes vient en contrepoint d'une longue attente, ce n'est pourtant pas encore l'amour pour Albertine qui occupe la première place. Facile, docile, elle perd tout intérêt – provisoirement – aux yeux du narrateur. Plus importante serait la séduction exercée par la duchesse de Guermantes, s'il ne s'agissait ici d'une rêverie portant sur la duchesse plus que sur la femme. Du reste, cet amour guérit avec une facilité qui étonne dans l'univers proustien.

Le véritable visage de l'amour, conforme cette fois aux grandes lois proustiennes, est en revanche celui de Saint-Loup pour Rachel, qui vient doubler celui de Swann en annonçant celui du narrateur. De plus, tandis que Swann découvrait petit à petit, et souvent sans y croire, le passé de « cocotte » d'Odette, tandis que le narrateur ne saura jamais ce qu'il doit croire de l'homosexualité d'Albertine, la véritable nature de Rachel est d'emblée connue du lecteur, si elle est ignorée de Robert. Si l'amour est toujours subjectif, Proust a choisi d'insister sur cette subjectivité en faisant de la femme qui cause tant de souffrances au délicat Robert une prostituée de bas étage, connue autrefois du narrateur grâce à Bloch, et avec qui seul le hasard l'avait empêché autrefois de passer la nuit. Symbolique de cette subjectivité, le métier d'actrice de Rachel : comme dans *Sylvie* de Gérard de Nerval que Proust admirait tant, la femme tire son attrait des feux de la rampe. Vue de près, elle déçoit inévitablement.

Sodome et Gomorrhe (1921-1922)

Sodome et Gomorrhe est le dernier volume de la *Recherche* publié du vivant de Proust. C'est l'œuvre qui a le plus contribué à une assimilation entre les mœurs décrites et celles de l'auteur, assimilation dont Proust s'est toujours défendu avec acharnement. Le projet en est très ancien : dès 1909, lorsque Proust songe à publier son essai sur Sainte-Beuve, il s'inquiète du caractère scabreux de son roman et prévient les éditeurs que l'un de ses personnages principaux est un homosexuel, en annonçant la scène de séduction entre Jupien et M. de Charlus. Mais la rencontre de ce projet très ancien avec le cycle d'Albertine a pour effet de dramatiser et d'amplifier le thème de l'homosexualité : à la découverte des mœurs de Charlus fera pendant celle concernant Albertine, de sorte que l'amour malheureux du narrateur pour celle-ci sera lié à un double modèle : celui, lointain, de Swann pour Odette dans « Un amour de Swann », et celui, proche, de Charlus pour Morel. Ainsi se justifient le titre du volume, rappel de la destruction par le feu des deux cités maudites dans la Genèse, et le choix du vers d'Alfred de Vigny qui lui sert d'épigraphe : « La femme aura Gomorrhe et l'homme aura Sodome. »

RÉSUMÉ

I. Dans *Le Côté de Guermantes*, le narrateur avait annoncé une « découverte » concernant M. de Charlus, si importante qu'il avait décidé d'en différer le récit. Il revient donc en arrière, au moment où il était en train de guetter, sur leur escalier, le retour du duc et de la duchesse de Guermantes. Il observe un arbuste rare de la duchesse qui, ne pouvant être fécondé que par un bourdon, est exposé dans la cour, lorsque M. de Charlus fait son entrée. Il vient rendre visite à Mme de Villeparisis à une heure inhabituelle. Le narrateur, le regardant à la dérobée, lui trouve une expression féminine. Mais ses réflexions sont interrompues par le comportement étrange de M. de Charlus qui, sa visite terminée, contemple avec stupéfaction Jupien, un giletier qui habite dans la cour. Au même moment, un bourdon se dirige vers la plante de la duchesse. Au bout de quelques instants, M. de Charlus aborde Jupien qui l'entraîne dans sa boutique. Le narrateur, intrigué, se cache dans une remise voisine, où il peut entendre, puis voir ce qui se passe chez Jupien. Il vient de comprendre la véritable nature de M. de Charlus : c'est « une femme », c'est-à-dire un homme qui aime les hommes, un « inverti »*.

Le narrateur se livre alors à une longue réflexion, mêlée d'exemples, sur les homosexuels, en montrant que c'est une « race » sur laquelle pèse une « malédiction », et qui est comparable en cela aux Juifs. Obligés de se cacher, voués comme eux à un opprobre injuste, ils vivent dans le mensonge, mais mènent souvent une vie parallèle où leur vraie nature réapparaît. Il évoque brièvement le développement futur des relations entre M. de Charlus et Jupien, qui devient le « protégé » de ce dernier.

II. Le narrateur se rend à la soirée de la princesse de Guermantes. Il mêle au récit de la soirée des détails qu'il ignorait alors, et qu'il a appris par la suite sur M. de Charlus, et d'autres personnages aux mœurs semblables. Il retrouve également Swann, au visage marqué par l'approche de la mort. Celui-ci lui raconte la conversation qu'il vient d'avoir avec le prince de Guermantes. Selon certaines rumeurs, Swann devait être chassé du salon à cause de l'antisémitisme du prince. Or celui-ci a révélé à Swann comment, antidreyfusard convaincu, il en était venu à croire à l'innocence de Dreyfus, et comment il avait découvert que sa femme, en grand secret, partageait la même opinion. Swann invite le narrateur à venir voir Gilberte, ce qui le laisse indifférent. Le soir même, le narrateur a rendez-vous chez lui avec Albertine. Celle-ci est en retard, et lui téléphone pour lui annoncer qu'elle ne viendra pas. Le narrateur éprouve une grande anxiété. Elle accepte enfin de le rejoindre, et passe un moment avec lui. En attendant de partir à nouveau pour Balbec, le narrateur mène une vie mondaine. Depuis qu'il a été invité chez la princesse de Guermantes, tous les salons lui sont ouverts.

À Balbec, le narrateur trouve un accueil plus chaleureux que la première fois. Mais, le premier soir, il éprouve un « bouleversement » de toute sa personne : il se souvient des soins que sa grand-mère avait pour lui lors de ce premier séjour. Il comprend enfin qu'elle est morte, qu'elle est perdue pour toujours : ce sont les « intermittences du cœur ». Il s'enfonce alors dans le chagrin qu'il s'était reproché de ne pas éprouver au moment de la mort de sa grand-mère. Il refuse toutes les visites, en particulier celle d'Albertine, en vacances dans les environs. Le chagrin du narrateur diminue, et il reprend ses relations amoureuses avec Albertine, qu'il voit souvent en compagnie de la petite bande. Un jour, le docteur Cottard lui fait remarquer la manière équivoque dont Albertine danse avec Andrée. Le narrateur commence à éprouver une jalousie irrégulière à l'égard d'Albertine, que celle-ci s'efforce en vain d'apaiser. Tous deux mènent une vie mondaine, rythmée par les invitations à La Raspelière, chez les Verdurin, qui ont trouvé un nouveau « fidèle » en la personne de M. de Charlus. Celui-ci est tombé amoureux de Morel, le jeune musicien des Verdurin, qui devient son protégé. Le narrateur évoque les trajets accomplis en compagnie des « fidèles », dans le petit train qui les emmène vers La Raspelière. M. de Charlus s'y livre souvent à des considérations sur l'homosexualité, sans se douter que son secret n'est pas aussi bien gardé que dans les salons de l'aristocratie. Le narrateur fait de longues promenades en automobile avec Albertine, qu'il se promet chaque jour de quitter. Un soir cependant, dans le petit train, alors qu'il s'apprête à rompre avec elle, Albertine lui révèle qu'elle doit rejoindre Mlle Vinteuil et son amie, qu'elle connaît depuis longtemps. Le narrateur, bouleversé par le souvenir de la scène de Montjouvain, sent renaître sa jalousie : ce sont les secondes « intermittences du cœur ».

Il souffre tellement qu'il réussit à convaincre Albertine de rentrer à Paris et de venir s'installer chez lui, en lui faisant croire à un projet de mariage avorté avec une autre femme.

L'héritage balzacien : le roman des « tantes »

Certaines des pages les plus drôles de la *Recherche* se trouvent dans *Sodome et Gomorrhe*, et confirment l'existence chez Proust d'une veine comique trop peu commentée. Comique qui réside d'abord dans la description même des homosexuels, comme en témoignent les métaphores et les images auxquelles est associée, par exemple, la rencontre de Jupien et Charlus : à la métaphore centrale du gros bourdon venant visiter l'orchidée s'ajoute celle de la parade amoureuse de deux oiseaux, « le mâle cherchant à s'avancer », la femelle « se contentant de lisser ses plumes ». Lorsque Charlus fixe un regard interrogateur sur Jupien, il semble lui dire : « Pardonnez mon indiscrétion, mais vous avez un long fil blanc qui pend dans votre dos » ou « Je ne dois pas me tromper, vous devez être aussi de Zurich ». Ces effets comiques, qui viennent souligner la naïveté du narrateur tant qu'il n'a pas compris de quoi il s'agissait, sont aussi dus au contraste entre l'âge et l'apparence des deux hommes, et les propos câlins ou coquins qu'ils échangent après l'amour : Jupien appelle Charlus « mon bébé » ou « grand gosse » avant de lui faire compliment de son « gros pétard ». Ceci n'exclut par une caricature plus traditionnelle à l'égard du langage maniéré prêté aux homosexuels : lorsque Charlus s'exclame à propos d'un marchand du voisinage : « c'est une horreur », ou qu'il parle de ses conquêtes au féminin.

Pourtant, Proust n'a pas pour but de ridiculiser les homosexuels, comme le lui a par exemple reproché Gide. La scène qui se déroule entre Jupien et Charlus n'est pas, selon le narrateur, « positivement comique ». Mais Proust se refuse, par souci de réalisme, à présenter une vision vague et idéalisée de l'amour entre hommes telle qu'on en trouvait dans certaines œuvres de l'époque. De plus, cette peinture comique se situe dans la filiation balzacienne : chaque fois que Proust présente son roman, dans sa correspondance par exemple, il utilise ainsi le terme de « tantes », en rappelant que c'est celui que Balzac emploie. Sa référence constante à Vautrin et à sa rencontre avec Rubempré à la fin des *Illusions perdues* montre dans quelle perspective il faut lire la rencontre entre Charlus et Morel sur un quai de gare et rappelle que la *Recherche* est aussi une « comédie humaine ».

Ce comique peut cependant adopter une forme plus spécifiquement proustienne, lorsque le narrateur, habitué par tradition familiale à appliquer des citations littéraires aux situations les plus banales de la vie quotidienne, se plaît à « traduire » les pensées ou les regards de certains homosexuels à l'aide de vers de Racine, tirés d'*Esther* en particulier : ainsi lors de la soirée chez la princesse de Guermantes, pour M. de Vaugoubert, étonné de découvrir autant d'êtres semblables à lui dans le personnel d'une ambassade, ou à Balbec, pour M. de Charlus lui-même, entouré des chasseurs du Grand Hôtel.

Enfin, le comique naît aussi de l'écart entre le secret imposé aux invertis, et la vision naïve ou méfiante des autres personnages : c'est le cas dans la plupart des scènes qui se déroulent chez les Verdurin, à La Raspelière, ou dans le petit train qui mène chez eux, et où les « fidèles » observent avec un mélange de fascination et d'inquiétude un Charlus qui se trahit innocemment en découvrant des pareils partout et à toutes les époques. Pourtant, comme l'observe le narrateur, le cas de Charlus n'est pas si simple. Sa manière de braver le regard des autres en faisant constamment allusion à son sujet favori est peut-être aussi provocation de grand seigneur qui se moque de l'opinion des bourgeois. Et de fait, si Charlus agace souvent les Verdurin, ce n'est pas tant par ses mœurs supposées que par son snobisme : le monde de l'homosexualité est un monde moins secret et fermé que celui de l'aristocratie.

La célébration poétique de la « race maudite »

Cette présentation comique cacherait-elle une assimilation des homosexuels à une aristocratie, à une caste supérieure ? La comparaison de ces derniers avec le « peuple élu », au début de *Sodome et Gomorrhe*, pourrait le laisser penser. Mais en réalité, comme le montre le lyrisme pathétique du passage consacré à la « race maudite » (expression employée par Proust dans *Contre Sainte-Beuve*), c'est au contraire le malheur et l'exclusion des Juifs qui justifient cette comparaison. La « malédiction », c'est celle de devoir vivre dans le mensonge, et de cacher aux êtres les plus proches ce qui fait l'essentiel de sa vie. Faut-il voir, comme l'ont fait de nombreux critiques, un plaidoyer et une confession déguisée dans ces pages célèbres, où Proust évoque le destin de ces « fils sans mère » et de ces « amis sans amitiés » ? L'attitude de Proust est ambiguë car elle indique tout à la fois une justification et une condamnation.

Justification au sens où l'homosexualité est l'expression d'une nature profonde, et que, comme le montrent tous les exemples de la *Recherche*, rien ne sert de la contrarier : la métaphore du bourdon et de la fleur, en particulier, montre que Proust adopte sur ce point les thèses de certains scientifiques de son époque, en utilisant le modèle de l'hermaphrodite*. Pourtant, Proust emploie également le terme de «vice» : est-ce là condamnation morale ? En réalité, il désigne par là une déformation de nature nerveuse. S'il y a écart par rapport à une norme, ce n'est pas choquant en soi. De même, à propos d'Albertine, si le narrateur éprouve de la jalousie, c'est dans la mesure où l'homosexualité féminine représente un monde autre, étranger : le rire d'Albertine avec Andrée, au moment où sa danse voluptueuse est remarquée par Cottard, sonne comme «les premiers ou les derniers accords d'une fête inconnue». Or, comme le montraient déjà l'exemple de Swann jaloux d'Odette, et celui du narrateur lui-même attendant le baiser de sa mère, rien n'est plus insupportable, dans l'univers proustien, que d'imaginer l'être aimé prenant du plaisir avec un autre.

On retrouve la même ambivalence dans les modèles poétiques et mythiques auxquels recourt Proust : le recours au mythe biblique, d'une part, avec la référence aux deux cités maudites, pourrait indiquer l'expression d'un sentiment de culpabilité ; mais d'autre part, l'expression d'«hommes-femmes» renvoie au mythe des androgynes, ces êtres doubles coupés en deux à la suite de la colère de Zeus, mythe évoqué en particulier dans *Le Banquet* de Platon, et justifie les formes les plus rares de l'amour par la recherche de la moitié manquante. Si étrange que cela puisse paraître, Charlus a ainsi trouvé en Jupien l'être complémentaire : «l'homme qui n'aime que les vieux messieurs». Cette valeur poétique du bizarre, que Proust connaissait chez Baudelaire, et qu'il a pu apprécier dans les romans de Dostoïevski avec leurs portraits de criminels, explique l'autre modèle auquel recourt Proust, et qui est celui de la descente aux enfers.

Sodome et Gomorrhe comme descente aux enfers

Dans *La Prisonnière*, l'exploration du monde des invertis par le narrateur est comparée à celle de l'enfer par Dante dans *La Divine Comédie*. Proust plaint le «poète [...] d'avoir à traverser les cercles d'un enfer de soufre et de poix, de se jeter dans le feu qui tombe du ciel pour en ramener quelques habitants de Sodome». Et, de fait, au fur et à mesure que le narrateur approfondit sa connaissance du monde des invertis, il découvre de nouveaux cercles : cette exploration, qui se fait la plupart du temps sur un ton amusé ou détaché, devient cependant plus douloureuse et prend tout son sens lorsque la descente aux enfers s'achève sur la révélation des liens passés d'Albertine avec Mlle Vinteuil. Cette révélation apparaît alors comme le châtiment de la curiosité coupable manifestée jusqu'ici par le narrateur. Après avoir été un observateur des damnés, il va, à son tour, subir un « supplice », celui de la jalousie.

Mais *Sodome et Gomorrhe* est aussi une descente aux enfers au sens où le narrateur y retrouve les ombres des morts, au moment des premières « intermittences du cœur ». Pareil à Orphée, qui perdait une seconde fois Eurydice au moment où il venait de l'arracher aux enfers, le narrateur comprend qu'il a perdu sa grand-mère au moment même où il la retrouve vivante dans son souvenir. C'est le début d'une série d'images funèbres, et de rêves qui exploitent les métaphores du monde souterrain. C'est l'occasion de découvrir une nouvelle fois les pouvoirs de la mémoire involontaire : mais cette expérience, contrairement aux précédentes, n'est pas heureuse, car elle fait prendre conscience d'un manque. De même, avec les deuxièmes intermittences du cœur, le narrateur éprouve une nouvelle fois la grande loi proustienne selon laquelle c'est la jalousie qui fait prendre conscience de l'amour. Tant que le narrateur n'était pas jaloux, il était las d'Albertine et la faisait souffrir. Il découvre à présent qu'il ne peut se passer d'elle.

L'apprentissage du narrateur : le dévoilement des signes

Sodome et Gomorrhe marque une nouvelle étape dans l'itinéraire du narrateur : la révélation qui ouvre le volume a pour fonction essentielle de remettre en question le statut de la vérité. Elle explique rétrospectivement l'attitude étrange de Charlus depuis « Combray » jusqu'au *Côté de Guermantes*. Elle donne du même coup la plus grande vraisemblance aux soupçons que va former le narrateur sur les mœurs d'Albertine. Et ainsi cette découverte est liée à Combray d'une autre manière : comme le souligne le narrateur, elle se produit de la même façon invraisemblable que lors de l'épisode de Montjouvain, lorsque le narrateur, épiant les ébats de Mlle Vinteuil et de son amie, avait fait la découverte du sadisme. Dans les deux épisodes, le narrateur a un rôle de « voyeur » qui est comme le symbole de son rôle tout au long du roman puisqu'il ne cesse d'épier les êtres, et de tâcher de découvrir leur secret. Mais la nécessité de l'épisode de Montjouvain apparaît clairement avec la révélation du passé d'Albertine. Dans cette œuvre construite comme une cathédrale, le pilier lointain de Combray prépare les volumes futurs.

Si *Sodome et Gomorrhe* est l'occasion de remettre en cause le statut de la vérité, c'est aussi qu'il est un volume de la désillusion, ou plutôt d'un regard second sur les choses. C'est, au début du volume, la fonction de la soirée chez la princesse de Guermantes, dernier « bastion » mondain que le narrateur devait encore conquérir. Au cours de cette soirée, la double conversion au dreyfusisme des Guermantes racontée par Swann permet de mettre l'accent sur le changement de regard de ces personnages en même temps qu'elle souligne l'inanité des jugements mondains qui annonçaient la disgrâce de Swann. Puis, le retour à Balbec est l'occasion de souligner le contraste avec le premier séjour, et c'est ce qui explique les nombreuses pages consacrées aux trajets accomplis dans le petit train vers La Raspelière. Charlus, si impitoyablement snob dans son milieu habituel, s'y montre sous un nouveau jour. C'est aussi dans cette perspective que se situent les « étymologies » développées par Brichot pendant le voyage au sujet des petites localités par lesquelles ils passent : elles représentent un rapport aux noms dénué de toute poésie, elles s'opposent aux étymologies du curé de Combray, et montrent ainsi, d'une autre manière, le caractère variable et inattendu de la vérité.

Aussi ne faut-il pas s'étonner que le narrateur évoque dans ce volume la mort prochaine de Swann : la disparition de ce modèle montre que l'adolescence du narrateur est vraiment terminée, et qu'une partie de son apprentissage s'est accomplie.

La Prisonnière (1923)

Premier de ses textes posthumes, *La Prisonnière* est le dernier texte corrigé par Proust, celui auquel il a travaillé jusqu'à sa mort, dictant encore des pages à Céleste Albaret. Avec lui s'ouvre le cycle d'Albertine, le plus dramatique et le plus romanesque. Le récit de *La Prisonnière* n'est pas divisé en chapitres, mais on discerne, dans l'organisation du texte, cinq « journées », séparées par des intervalles assez flous, la dernière étant en réalité un ensemble de journées, puisqu'elle commence un soir et se termine le surlendemain matin. Proust retrouve ici une des structures fondamentales de la *Recherche* : le réveil du narrateur, comme au début de *Du côté de chez Swann* ou dans *Le Côté de Guermantes*, sert de point de départ au récit ainsi qu'à des réflexions générales et des digressions. En général, le récit d'une journée particulière est enrichi, à chaque étape, par la référence à d'autres événements survenus en des «journées» ou ensembles de journées semblables. C'est à cette division en journées que correspond chaque section.

RÉSUMÉ

I. Albertine vit désormais chez le narrateur, dans le plus grand secret. Seule la mère du narrateur, hostile à son projet de mariage, est au courant. Albertine s'est docilement pliée aux règles de vie du narrateur. Elle ne trouble pas son sommeil diurne et ne sort jamais seule, mais en compagnie d'Andrée. Le narrateur n'est plus amoureux d'Albertine, mais seulement jaloux, d'une jalousie qu'il se garde bien de dévoiler à Albertine, mais que celle-ci devine et respecte tacitement. Il rêve fréquemment aux inconnues qu'il pourrait aimer s'il était libre. Pendant les sorties d'Albertine, il rend souvent visite à la duchesse de Guermantes, qui n'est plus pour lui qu'une vieille amie à qui il peut demander conseil en matière de toilette. Il veut offrir à Albertine des robes de Fortuny, cet artiste vénitien qui a recréé des modèles inspirés de tableaux. Ce jour-là, en rentrant de l'une de ces visites, le narrateur remarque le comportement étrange d'Andrée, qui a l'air de cacher quelque chose. Il ne sait que penser d'Andrée, souvent très malveillante. Mais il goûte pleinement la douceur d'avoir Albertine chez lui, captive, de la regarder dormir. Ses baisers sont aussi apaisants que ceux de sa mère, autrefois à Combray.

II. Le lendemain, Albertine annonce qu'elle désire rendre visite aux Verdurin. Le narrateur, soupçonnant une raison cachée à ce projet, cherche à l'en dissuader, puis annonce qu'il accompagnera Albertine. Il cherche aussi à lui suggérer d'aller plutôt assister à une matinée théâtrale au Trocadéro. Calmé, le narrateur rêve à Venise, où il pourrait aller s'il était libre.

III. Le lendemain matin, le narrateur s'éveille en écoutant les cris des marchands de Paris et sent la venue du printemps. Albertine lui annonce qu'elle se rendra au Trocadéro, et non chez les Verdurin. Elle échange avec le narrateur des propos extraits d'*Esther*, parodiant son interdiction d'entrer chez lui tant qu'il n'a pas sonné. En badinant avec elle, le narrateur lui enjoint d'être prudente. Albertine lui répond que son destin est peut-être de mourir d'un accident de cheval. Le narrateur remarque combien Albertine est devenue intelligente, mais sa présence le lasse. Seule la jalousie le retient encore. Pendant l'absence d'Albertine, il fait monter une jeune crémière. Mais dans le journal, il lit par hasard que Léa, une homosexuelle notoire, doit jouer dans cette matinée théâtrale à laquelle assiste Albertine. Il renvoie aussitôt la crémière et ne songe plus qu'à Albertine, qui revient bientôt, ramenée par Françoise. Apaisé, le narrateur l'attend en jouant du Vinteuil, et s'interroge une fois de plus sur la réalité de l'art. Ce jour-là, il a appris la mort de Bergotte. Celui-ci, qui ne sortait plus depuis longtemps, a voulu revoir une dernière fois la *Vue de Delft* de Vermeer. Pris de malaise, il reste cependant fasciné par un détail du tableau, un « petit pan de mur » peint en jaune : il s'écroule en pensant qu'il aurait dû écrire à la manière du peintre. Le narrateur s'interroge : est-il mort à jamais ? Il songe que les efforts de l'artiste, qui se sacrifie à son œuvre, montrent peut-être que la croyance en l'immortalité n'est pas absurde. Le soir, laissant Albertine à la maison, le narrateur se rend chez les Verdurin. Il apprend qu'on attend Mlle Vinteuil et son amie – qui finalement ne viendront pas. C'est Charlus qui organise la soirée, en vue de lancer Morel dans le monde. Celui-ci interprète un septuor, une œuvre posthume de Vinteuil, mort de chagrin, mais révélée par l'amie de Mlle Vinteuil. Ce septuor sonne comme un appel encore obscur pour le narrateur. Peut-être sa croyance d'autrefois en l'art n'était-elle pas vaine ? La soirée se termine par la disgrâce de Charlus, que les Verdurin, excédés, ont décidé de brouiller avec Morel en le calomniant. À son retour, le narrateur retrouve Albertine, furieuse d'apprendre que celui-ci est finalement allé voir les Verdurin. Le narrateur lui reproche de lui avoir dissimulé la venue de Mlle Vinteuil mais Albertine lui avoue alors que son intimité avec celle-ci et son amie n'était qu'un mensonge inventé à Balbec pour se rendre plus intéressante à ses yeux. Le narrateur feint de désirer qu'elle parte, pour que cessent ces disputes. Mais la scène se clôt par une réconciliation.

IV. Le lendemain, le narrateur ne ressent de nouveau qu'ennui en présence d'Albertine. Il s'interroge de nouveau sur l'art, et rapproche la musique de Vinteuil des sensations autrefois ressenties en buvant du thé, devant les clochers de Martinville ou les arbres d'Hudimesnil. Une conversation littéraire avec Albertine, sur Thomas Hardy, Barbey d'Aurevilly et surtout Dostoïevski, l'amène à penser que l'art a une réalité supérieure, que chaque artiste révèle bien un monde inconnu, irréductible à tout autre. Mais l'idée du néant de l'art est finalement la plus forte.

V. Avec l'approche du printemps, le narrateur est décidé à quitter Albertine, et provoque un soir une dispute, en l'accusant de nouveaux mensonges. Malgré leur réconciliation, Albertine refuse de donner au narrateur son baiser du soir. Il se couche très agité, craignant son départ. Mais le lendemain, la jeune fille est toujours là. Le soir, ils se promènent ensemble au clair de lune. Le lendemain matin, le narrateur se réveille, exalté par le temps presque estival, et décide de partir pour Venise. Sonnant Françoise pour lui demander un indicateur, il apprend qu'Albertine est partie le matin même.

La passion tragique

La construction de la *Recherche* est souvent fondée sur de grands ensembles narratifs, longs récits de soirées mondaines par exemple, qui forment une «scène» isolée au milieu d'une chronique sur le mode itératif*. Pourtant, on ne peut qu'être frappé par l'organisation particulière de *La Prisonnière* autour de cinq journées, et ce n'est pas un hasard si elle peut évoquer les cinq actes de la tragédie classique, de la tragédie racinienne en particulier. Car précisément c'est avec *La Prisonnière* que la peinture de la passion amoureuse atteint au tragique : à l'impossibilité de vivre sans Albertine répond l'impossibilité de l'aimer – tandis que le destin, dans *Albertine disparue*, viendra dénouer le dilemme de la seule manière possible, par cette mort d'Albertine tant de fois souhaitée par le narrateur.

Cette référence à la tragédie racinienne n'est pourtant rappelée que sur le mode héroï-comique*, par un détournement constant de citations classiques dont le narrateur et sa famille sont coutumiers. L'habitude prise par le narrateur de dormir plus tard dans la journée, et de refuser qu'on entre dans la chambre avant qu'il ait sonné, est en effet comparée par Albertine à l'argument d'*Esther* : le roi Assuérus punit de mort quiconque se présente chez lui sans y avoir été convié. Mais la reine Esther, qui est juive, doit braver cette interdiction pour sauver son peuple, menacé d'extermination par le traître Aman. Le roi la reçoit en faisant exception à la règle et en accédant à sa requête. (Cette scène donne lieu à une scène parodique dans *La Prisonnière* qui fera l'objet d'un commentaire composé en annexe.) Pourtant, cet interdit parodié est aussi ce qui va permettre au drame de se nouer. C'est en profitant du sommeil du narrateur qu'Albertine partira, sans que Françoise, respectueuse de la même règle, puisse le prévenir.

« L'espace et le temps rendus sensibles au cœur »

Si l'interdiction d'entrer chez le narrateur est l'objet de plaisanteries, une autre règle, tacite celle-ci, est le fondement de la vie commune des deux jeunes gens : le narrateur doit connaître dans les moindres détails l'emploi du temps d'Albertine, celle-ci ne doit jamais se trouver seule. La quête du secret d'Albertine, de cette vérité qui avait autrefois attiré vers elle le narrateur, est donc multiforme. Si, selon la formule de *La Prisonnière*, « l'amour, c'est l'espace et le temps rendus sensibles au cœur », certains lieux, certaines heures, sont ainsi investis d'une puissance douloureuse. Comme Swann autrefois, et comme l'enfant qu'il était lui-même à Combray, le narrateur redoute l'approche du soir, et ne goûte pleinement la présence d'Albertine auprès de lui qu'à l'heure où elle revêt un des déshabillés qu'il lui a offerts, signes de sa captivité. Et pourtant, ironie du sort là encore, l'un des moments les plus paisibles de *La Prisonnière* est la promenade nocturne qui précède le départ d'Albertine, au matin. La quête de l'emploi du temps d'Albertine est d'autant plus douloureuse que l'imagination du jaloux se la représente comme éclatée en mille instants dangereux, où une minute d'inattention du geôlier suffit pour fixer un rendez-vous…

Quant à l'espace, il est aussi investi d'un pouvoir maléfique. Ce sont certains lieux précis qui font l'objet d'une investigation passionnée de la part du narrateur : les environs de Balbec, qu'il a fuis avec Albertine, puis les Buttes-Chaumont, où celle-ci désire se promener avec Andrée, le théâtre du Trocadéro, le salon des Verdurin… Mais son effort pour détourner Albertine de certains lieux est une tâche de Sisyphe, qui se heurte à des ennemis invisibles et sans cesse renaissants : si « Gomorrhe [est] dispersée aux quatre coins du monde », le jaloux est soumis au supplice constant de l'imagination. La seule solution serait la séquestration définitive de l'« être de fuite » qu'est Albertine. Mais précisément, tout le drame de *La Prisonnière* tient dans ce désir et cette impossibilité d'enfermer complètement la jeune fille, car quand bien même ce rêve se réaliserait, le narrateur serait affronté au mystère intérieur que cache celle-ci, comme le montre cet épisode, où, s'interrompant au milieu d'une phrase obscène, c'est une Albertine « atroce » qui se révèle.

Les contradictions du narrateur

Pourtant, au lecteur qui ne connaîtrait pas l'issue dramatique de l'histoire d'Albertine, *La Prisonnière* pourrait apparaître presque comique. Certaines scènes ont presque le ton du vaudeville, faisant ressembler le narrateur à un amant embarrassé d'une maîtresse encombrante. Comme autrefois Swann face à Odette, le narrateur entrevoit parfois que la vie d'Albertine ne recèle rien que d'insignifiant. Seule la jalousie donne encore de la valeur à la présence d'Albertine, de sorte que rassuré sur sa fidélité, le narrateur ne songe plus qu'à la quitter, et rêve des inconnues qu'il pourrait rencontrer, sans même apercevoir la contradiction entre le goût du plaisir d'Albertine, forcément source de mal et de douleur, et le sien, naturel et innocent. C'est que dans l'univers de Proust le désir est partout : si, comme le constate le narrateur avec amertume, « être dur et fourbe envers ce qu'on aime est si naturel ! », il est tout aussi naturel de rechercher son propre plaisir. Le narrateur écrira dans *Albertine disparue* qu'il trouve « absolument indifférent du point de vue de la morale qu'on [trouve] son plaisir auprès d'un homme ou d'une femme, et trop naturel et humain qu'on le [cherche] là où on [peut] le trouver ». Le mot « vice », employé par le narrateur pour désigner le goût qu'il craint chez Albertine, ne doit donc pas tromper : c'est que le caractère « monstrueux », « anormal », de ces amours aux yeux du monde symbolise parfaitement ce qu'a de « monstrueux », d'« anormal », aux yeux de l'amoureux, la découverte d'une trahison chez l'être aimé quelle que soit sa forme : « On trouve innocent de désirer et atroce que l'autre désire. » Le plaisir, pris avec un rival, devient aussi inhumain, aussi choquant, que s'il était « contrenature ».

Le motif vénitien

Cette contradiction du narrateur – l'envie à la fois de retenir la captive et de fuir – prend la forme du motif vénitien. C'est Venise en effet qui cristallise le désir de voyage du narrateur, qui retrouve là l'un de ses rêves les plus anciens, et une opposition récurrente dans la *Recherche*, entre le voyage et l'amour : c'est parce que sa santé l'avait empêché de partir pour Venise qu'il s'était mis, dans *Du côté de chez Swann*, à fréquenter les Champs-Élysées et avait rencontré Gilberte. De même est-ce à présent Albertine qui l'empêche de partir.

Mais en même temps, Albertine lui rappelle sans cesse Venise par les robes de Fortuny qu'elle porte. Ce couturier vénitien, jadis évoqué dans *À l'ombre des jeunes filles en fleurs* par Elstir, ayant retrouvé les secrets de fabrication de certains tissus anciens, recréait, à partir de copies de tableaux, des vêtements modernes. Leur ornementation, leur forme originale, rappellent au narrateur cet Orient des *Mille et Une Nuits* auquel Venise est sans cesse associée. L'une d'elles, en particulier, portée par Albertine l'avant-veille de son départ, décorée d'oiseaux qui reproduisent ceux qui sont sculptés sur les chapiteaux de Saint-Marc, suscite plus que jamais le désir de Venise. Mais est elle en même temps préfiguration de la mort, de la fuite de cet «oiseau mystérieux» qu'est Albertine, puisque ces oiseaux, rappelle le narrateur, signifient la mort et la résurrection – résurrection que connaîtra le narrateur lorsque Venise revivra, bien plus tard, au moment du coup de théâtre du *Temps retrouvé*.

L'art contre la vie

Cette promesse de résurrection est justement réitérée de manière particulièrement pathétique dans *La Prisonnière*. Tout le volume est construit, de manière plus sensible encore que dans l'ensemble de la *Recherche*, sur une opposition entre l'art et la vie, à laquelle répondent en écho les interrogations douloureuses du narrateur. C'est la signification profonde de la mort de Bergotte, qui, en sacrifiant sa vie au «petit pan de mur si bien peint en jaune», semble affirmer la supériorité de l'art sur la vie : «On l'enterra, mais toute la nuit funèbre, aux vitrines éclairées, ses livres, disposés trois par trois, veillaient comme des anges aux ailes déployées et semblaient pour celui qui n'était plus un symbole de sa résurrection.» Puis c'est l'appel du septuor de Vinteuil entendu chez les Verdurin : le narrateur, qui a depuis longtemps renoncé à écrire, se demande pourtant si l'art n'est que «le prolongement de la vie», si, en se détournant de l'art, il s'est détourné de quelque chose de réel. Mais, à ce stade, la révélation apportée par le septuor ne peut que demeurer incomplète pour le narrateur, elle apparaît comme «la promesse qu'il existait autre chose, réalisable par l'art sans doute, que le néant [...] trouvé dans tous les plaisirs et dans l'amour même».

C'est dans cette perspective qu'est introduite l'image de la «patrie perdue» : les artistes semblent obéir, dans leur vie terrestre, à des obligations contractées dans quelque vie intérieure, comme s'ils venaient d'une autre planète. C'est l'idée que l'art répondrait à une nécessité intérieure, et c'est aussi l'argument qui justifie l'hypothèse de l'immortalité avancée à propos de Bergotte. Mais cette hypothèse demeure encore incertaine.

Un autre jalon de cette interrogation sur l'art est une conversation littéraire avec Albertine qui est le dernier vestige du projet initial de la *Recherche*, la «conversation avec Maman» dont on trouve des traces dans *Contre Sainte-Beuve*, qui devait porter sur Thomas Hardy, Barbey d'Aurevilly, Stendhal, à qui Proust joint Dostoïevski : ces écrivains viennent apporter au narrateur la preuve que l'œuvre du grand créateur est fondée sur une singularité absolue. Mais cette conversation littéraire elle-même est étroitement imbriquée dans le débat sur l'art et la vie puisque la conversation littéraire elle-même est interrompue par le narrateur, qui, pris de soupçons, interroge Albertine sur ses relations avec Gilberte. Plus profondément, l'incertitude fondamentale que le narrateur relève chez la femme de Dostoïevski, la menace de la mort qui pèse constamment sur ses personnages, sont, là encore, à lire comme autant de signes emblématiques des relations entre le narrateur et Albertine.

La « prison » intérieure

Ainsi, comme le montre la nuit, avant-veille du départ d'Albertine, pendant laquelle le narrateur entend celle-ci ouvrir violemment sa fenêtre, au mépris de toutes les conventions de leur vie commune, et où il rôde dans les couloirs de l'appartement sans oser entrer dans la chambre de la jeune fille, c'est le narrateur qui, dans ce volume, est plus que tout autre prisonnier. Si *La Prisonnière* comprend, comme la plupart des autres volumes de la *Recherche*, une grande scène mondaine, celle qui voit le succès de Morel correspondre à la disgrâce de Charlus, l'atmosphère en effet y est pourtant différente, intime, secrète, presque étouffante. L'enfermement n'est en effet pas tant celui d'Albertine, la « pesante esclave » qui tous les jours quitte sa cage dorée, que celui de son geôlier qui ne quitte presque plus sa chambre, et qui, à l'instar de la tante Léonie autrefois, se promet chaque jour de sortir, de voyager, d'échapper à cette existence. Prisonnier, le narrateur l'est de son amour, de sa jalousie. Il l'est aussi d'une existence où le manque de volonté a – semble-t-il – définitivement écarté toute velléité de création. Sans doute le narrateur espère-t-il encore publier un article dans *Le Figaro*. Symboliquement, c'est seulement après la mort d'Albertine que ce vieux rêve s'accomplira, de même que celui du voyage à Venise.

Albertine disparue (1925)

Albertine disparue s'inscrit dans la continuité immédiate de *La Prisonnière* et a toujours formé avec ce volume, dans l'esprit de Proust, un ensemble indissociable, à l'origine intitulé tout simplement *Sodome et Gomorrhe III*. Persuadé de la nécessité de choisir des titres différents, Proust retrouve une structure binaire : *La Prisonnière / La Fugitive*. Mais ce dernier titre ayant été utilisé par un autre auteur, c'est *Albertine disparue* qui s'impose, et auquel l'édition de La Pléiade est revenue. Une autre incertitude portait sur la limite exacte de ce volume. Comme souvent, c'est un épisode précis qui sert de charnière, ici le séjour à Tansonville, qui va un peu plus loin que dans les éditions anciennes.

RÉSUMÉ

I. En apprenant qu'Albertine est partie, le narrateur se rend compte qu'il se trompait en croyant ne plus l'aimer. Il ne songe dès lors qu'à la faire revenir le soir même, et à l'épouser immédiatement. Albertine lui a laissé une lettre d'adieu, présentant leur séparation comme inéluctable à cause de la dégradation de leurs rapports. Le narrateur y voit un encouragement, et le signe qu'Albertine a simplement cherché à mettre fin à ses manières tyranniques. Ayant appris qu'Albertine était partie pour la Touraine chez sa tante, Mme Bontemps, il envoie Saint-Loup tenter de convaincre celle-ci – moyennant finances – de faire revenir Albertine. Saint-Loup, devant la photographie d'Albertine, est stupéfait : il s'attendait à voir une beauté, et éprouve le même genre de surprise que naguère, le narrateur, devant Rachel. Cependant, Saint-Loup met quelques jours à revenir. Tout en continuant à se persuader du retour prochain d'Albertine, le narrateur est désespéré, et envisage d'accorder désormais toute sa liberté à la jeune fille. Puis Albertine lui écrit que sa démarche est ridicule, et qu'elle est prête à revenir s'il le lui demande. Conformément à l'attitude maintes fois adoptée, le narrateur lui répond par une lettre mensongère se félicitant de leur séparation. Puis il lui annonce qu'il va épouser Andrée. Cependant, Saint-Loup revient : il donne au narrateur des détails sur la vie d'Albertine en Touraine qui ravivent sa jalousie. Le narrateur, à présent, souffre tellement qu'il se figure, comme autrefois Swann à propos d'Odette, que seule la mort d'Albertine l'apaiserait. Il lui télégraphie en la suppliant de revenir à n'importe quelle condition. À son télégramme répond celui de Mme Bontemps : Albertine vient de trouver la mort dans un accident de cheval. Le narrateur comprend alors qu'il a toujours cru à son retour. Françoise lui apporte à ce moment deux lettres d'Albertine : dans l'une, elle approuve son mariage avec Andrée, dans la seconde, elle lui demande la permission de revenir. Désormais, toute la vie du narrateur est changée. Chaque moment de la journée, chaque image différente d'Albertine réveille un souvenir douloureux. De plus, sa jalousie survit à Albertine. Le narrateur envoie ainsi Aimé, employé au Grand Hôtel de Balbec, faire une enquête sur les relations d'Albertine dans la petite ville. Celui-ci en rapporte des témoignages accablants sur les relations homosexuelles de la jeune fille. Mais le souvenir de la bonté d'Albertine parvient à chasser ces images : sans doute Aimé, ou ses témoins, ont-ils menti ? Le narrateur interroge également Andrée : celle-ci avoue des goûts homosexuels, mais jure qu'Albertine n'était pas comme elle.

II. Cependant, par étapes, l'oubli commence à s'installer. Le narrateur pense à Albertine avec plus de douceur. Un jour de beau temps, il suit une jeune fille blonde qui le regarde d'une manière équivoque. C'est à ce moment que le narrateur voit enfin publié dans *Le Figaro* un article envoyé depuis bien longtemps, et qui n'est autre que son poème en prose sur les clochers de Martinville. Ravi, il se rend chez les Guermantes pour chercher des échos de cette publication. On lui présente la jeune fille blonde : c'est Gilberte, devenue Mlle de Forcheville après la mort de Swann et le remariage d'Odette. Swann, qui n'avait jamais réussi à présenter sa fille aux Guermantes, est l'objet d'un silence gênant. Le narrateur revoit encore Andrée : cette fois-ci, elle lui fait des révélations complètes sur ses relations avec Albertine, sur les liens de celle-ci avec Morel, sur les souffrances de la jeune fille s'efforçant de cacher ses goûts secrets. Mais la révélation vient trop tard, elle ne peut plus bouleverser le narrateur. D'ailleurs, cette vérité est incertaine : Andrée peut mentir pour plaire au narrateur ou par méchanceté. Mais, surtout, il apprend que ce n'est pas pour se livrer librement à ses goûts, mais à cause d'un projet de mariage arrangé par sa famille, qu'Albertine est partie, persuadée que le narrateur ne l'épouserait jamais. Quant aux tendances d'Albertine, le narrateur parvient à la conclusion qu'on n'arrive jamais à la vérité sur les êtres.

III. Une autre étape est le voyage du narrateur à Venise, en compagnie de sa mère. Le narrateur y retrouve curieusement, transposées sur le mode marin, certaines des impressions éprouvées autrefois à Combray. Il recherche de nouvelles aventures féminines. Un jour arrive une dépêche d'Albertine : elle n'est pas morte et veut lui parler mariage. Cette nouvelle laisse le narrateur indifférent, il ne lui répond pas. Le seul moment où ressuscite son amour est celui où il aperçoit dans un tableau de Carpaccio un manteau de Fortuny dont Albertine portait la copie le soir de leur dernière promenade. À son départ de Venise, le narrateur reçoit une lettre de Gilberte qui lui fait comprendre que la dépêche, mal déchiffrée, était d'elle : elle lui annonce son mariage avec Robert de Saint-Loup. Il apprend aussi celui de la nièce de Jupien, devenue fille adoptive de Charlus, avec un neveu de Legrandin, M. de Cambremer.

IV. Ces mariages prochains suscitent de nombreux commentaires. Le narrateur, quant à lui, revoit avec plaisir Gilberte, car il ne l'aime plus. Un peu plus tard, il va séjourner chez elle à Tansonville, car elle est malheureuse et trompée par Saint-Loup. Elle ignore que c'est avec des hommes que celui-ci la trompe, et en particulier avec Morel, l'ancien protégé de son oncle : le narrateur est particulièrement triste en l'apprenant de découvrir cet aspect caché de Saint-Loup. À Combray, il est étonné de ne ressentir aucune émotion devant les lieux de son enfance : mais il est stupéfait de découvrir que les deux « côtés » de son enfance ne sont pas aussi éloignés l'un de l'autre qu'il le pensait, et qu'on peut aller dans la même journée à Méséglise et à Guermantes. Il découvre aussi que Gilberte, lors de leur première rencontre, cherchait à lui plaire, et que son geste jugé méprisant était un geste de désir en réalité. Le bonheur n'était peut-être pas inaccessible comme le pensait le narrateur.

COMMENTAIRE

« Dans la nuit du tombeau »

Sans doute cet extrait du poème de Nerval, « El Desdichado » (*Les Chimères*), pourrait-il servir d'épigraphe à ce volume, le plus sombre assurément de toute la *Recherche*. *Albertine disparue*, tout du moins son premier chapitre « Le chagrin et l'oubli », apparaît en effet comme une sorte de long poème en prose voué à la déploration funèbre de la disparue. Comme pour la grand-mère, à qui la morte sera de plus en plus fréquemment associée, c'est sur la mémoire involontaire que repose le chagrin : chaque moment, chaque sensation de l'été qui s'écoule – Albertine est partie au printemps, après presque un an passé chez le narrateur – rappelle en effet l'été précédent à Balbec. On sait d'ailleurs à présent que Proust, désireux de donner plus d'ampleur au chagrin du narrateur, a parfois ajouté, au moment où il travaillait au cycle d'Albertine, certains épisodes « heureux » dans *Sodome et Gomorrhe*, épisodes dont le souvenir viendra torturer le narrateur dans *Albertine disparue*.

Volume le plus sombre, *Albertine disparue* est peut-être aussi le plus lyrique, reprenant la longue tradition littéraire de la poésie amoureuse vouée à la mémoire d'une morte. C'est que le narrateur, plus que jamais, est seul : seule, pendant une grande partie du volume s'élève sa voix douloureuse, l'atmosphère y est plus confinée encore que dans *La Prisonnière*. Le narrateur, lui aussi, est «dans la nuit du tombeau», il doit se séparer du «moi» qu'il était lorsqu'il aimait Albertine.

En ce sens, c'est un véritable travail du deuil que décrit *Albertine disparue*, avec ses étapes successives comparées à un voyage, au chemin accompli en sens inverse par rapport au début de l'amour, à une maladie aussi qui connaîtrait de brusques rechutes. Chaque chapitre du volume représente ainsi une étape vers l'oubli, mais aussi une transition vers le nouveau but, encore invisible, du narrateur. L'oubli prend enfin la forme d'une image qui peut rappeler celle de Nerval : au moment du voyage à Venise, celle d'Albertine, «emmurée» vivante dans la mémoire du narrateur, semblable à ces prisonniers des anciennes geôles de Venise, appelées des «plombs». Cette fois-ci la «prisonnière» ne s'échappera plus : c'est qu'elle a cessé d'intéresser le narrateur, et le signe le plus frappant en est l'épisode célèbre du faux télégramme d'Albertine. Comme le souligne le narrateur, c'est un reflet inversé des «premières intermittences du cœur», celles de Balbec, puisqu'au lieu d'apprendre, comme dans *Sodome et Gomorrhe*, que sa grand-mère était réellement morte, il apprend (croit-il) qu'Albertine ne l'est pas réellement alors qu'elle l'est pour lui.

L'enquête infinie

Pourtant, avant d'atteindre la sérénité de l'oubli, le narrateur aura connu une nouvelle «descente aux Enfers». Cette fois-ci, l'Enfer, c'est Balbec, ce sont tous ces lieux inconnus où Albertine a pu tromper le narrateur, c'est tout ce passé qu'il explore après sa mort. Mais, une fois de plus, le jaloux est voué à une tâche vaine. Albertine reste l'emblème de la vérité qui échappe, et sa mort, si elle ne clôt pas l'enquête, au contraire, symbolise bien le caractère désespérant de toute quête de la vérité sur les êtres. Swann, lui, avait finalement extorqué des révélations à Odette sur ses relations gomorrhéennes. Dans le cas d'Albertine, on ne saura jamais quelle est la vérité. Les révélations successives d'Aimé sont ainsi, dans *Albertine disparue*, contredites par les hypothèses du narrateur lui-même : vénalité du maître d'hôtel, désir de ne pas décevoir celui qui l'envoie... Et, quand, plus tard, vient la «terrible révélation» d'Andrée, qui ne devrait plus laisser le moindre doute sur les mœurs d'Albertine, celles-ci demeurent incertaines, et le narrateur se demande encore pourquoi il lui faut croire Andrée plutôt que celle qu'il a aimée, concluant tristement : «La vérité et la vie sont bien ardues et il me restait d'elles, sans qu'en somme je les connusse, une impression où la tristesse était peut-être encore dominée par la fatigue.» La mort effective du personnage est bien symbolique de son mystère. Elle signifie aussi la mort «romanesque» des personnages lorsqu'ils cessent, avec le temps, de passionner le narrateur, qui compare les femmes aimées autrefois à des mortes, «puisque le fait que notre amour n'existe plus fait de celles qu'elles étaient alors, ou de celui que nous étions, des morts». Ainsi Albertine est-elle doublement «disparue».

L'éblouissement vénitien

À ce pôle sombre d'*Albertine disparue* s'oppose l'éblouissement du séjour vénitien. Dans *La Prisonnière*, les oiseaux brodés sur la robe de Fortuny étaient un symbole de mort et de résurrection. Et de fait, à la longue claustration volontaire du narrateur s'oppose la lumière italienne, le soleil qui, dès les premières lignes du chapitre vénitien, fait flamboyer l'ange d'or du campanile de Saint-Marc. Venise, qui vient remplir l'un des désirs les plus anciens du narrateur, apparaît double. Elle offre au narrateur, semble-t-il, le plaisir d'une constante métaphore, d'une de ces «transpositions» comme les pratiquait Elstir : à Venise, le narrateur retrouve en effet certaines sensations de Combray, et même certaines pratiques, mais tout ceci est transposé sur le mode marin, les rues transformées en canaux, et les maisons en palais. Car si Venise rappelle l'humble Combray, elle est en même temps la ville où «ce sont des œuvres d'art, les choses magnifiques qui sont chargées de nous donner les impressions familières de la vie» : c'est aussi une Venise magique, envahie d'impressions d'Orient, l'Orient des *Mille et Une Nuits* auxquelles songe le narrateur pendant ses promenades solitaires, et dont il se souviendra encore dans *Le Temps retrouvé*.

Enfin, c'est une Venise pleine de réminiscences littéraires et picturales : le texte d'*Albertine disparue* est en effet cousu de références à Ruskin, sur lequel le narrateur, se différenciant à peine de l'auteur ici, est censé faire une étude. C'est la première fois que le narrateur s'adonne à un travail réel. Comme naguère pour Swann préparant une étude sur Vermeer, ce signe de son goût pour l'art et de son érudition l'est aussi de son impuissance : il n'a pas encore compris que sa vocation était d'approfondir son œuvre propre, et non d'étudier celle des autres. Mais c'est aussi une Venise picturale, pour laquelle Proust retrouve l'écriture poétique, la pratique de la composition de tableaux qu'on trouvait dans *À l'ombre des jeunes filles en fleurs* : c'est la Venise de Carpaccio, dans les tableaux de qui il retrouve le souvenir d'Albertine et celui de sa mère. Plus curieusement, par une nouvelle transposition, c'est une Venise imprégnée de peinture hollandaise, où chaque fenêtre semble dessiner un nouveau tableau, rappelant les polyptyques des bibliothèques de Balbec.

Illusions perdues ?

Pourtant, ce séjour reste encore stérile du point de vue artistique, tout au moins apparemment. Symboliquement, dès le trajet en train, le narrateur est de nouveau repris par les soucis mondains. Mais l'annonce de ces deux mariages, qu'il commente en compagnie de sa mère, ne se trouve pas par hasard à la jonction d'*Albertine disparue* et du *Temps retrouvé*. Elle anticipe sur cette fin d'un monde, sur ce bouleversement des valeurs que décrira le dernier volume, et dont un premier signe est la réception de Gilberte chez les Guermantes, réalisation ironique du vieux rêve de Swann.

Mais, de façon plus générale, *Albertine disparue* représente la disparition des dernières illusions du narrateur. Si l'enquête sur le passé d'Albertine montre l'impossibilité de connaître la vérité sur les êtres, elle révèle surtout, en fin de compte, que la vérité est parfois plus prosaïque qu'on ne l'imagine : ce n'est pas pour se livrer à son « vice » avec de mystérieuses inconnues qu'Albertine est probablement partie, mais sur ordre de sa famille, pour ne pas rater un beau mariage. De même, pendant son séjour à Tansonville, le narrateur découvre-t-il que la source de la petite rivière de son enfance, la Vivonne, lieu qui lui semblait aussi inaccessible que « l'entrée des Enfers », est un vulgaire lavoir, tandis qu'on peut se rendre au domaine de Guermantes, et non simplement aller dans sa direction, vers son « côté ».

Mais, bien plus, ce chapitre représente l'adieu à l'enfance, avec la découverte que les deux côtés qui structuraient cet univers n'étaient pas aussi éloignés que le croyait le narrateur. À vrai dire, il y a longtemps que le narrateur en avait fait l'expérience : il avait accédé au côté de chez Swann et au côté de Guermantes, et le mariage de Gilberte vient de les joindre. La découverte qu'une seule promenade peut les réunir n'est qu'une confirmation que le monde de l'enfance est bien mort. Quant au « nouvel aspect de Robert de Saint-Loup » qui donne son titre au dernier chapitre, on aurait tort de le prendre comme une révélation supplémentaire qui fait s'étendre à l'infini le monde de *Sodome et Gomorrhe* : le chagrin du narrateur, dont il prend bien soin de préciser qu'il n'est pas d'ordre moral, représente encore un adieu au monde de l'adolescence, à ce séjour à Balbec qui lui avait apporté à la fois l'amour et l'amitié. Sans doute l'autre révélation de Gilberte, qui oblige le narrateur à retoucher l'une des images les plus anciennes de la *Recherche*, suggère-t-elle que le bonheur aurait été possible, avec Gilberte comme avec Albertine. Encore faut-il ne pas se tromper sur les êtres, ce que toute l'histoire d'Albertine met en évidence.

Le Temps retrouvé (1927)

Le Temps retrouvé contient l'une des parties les plus anciennes de la *Recherche*, celle qui a été écrite « en même temps » que le début selon la formule de Proust, c'est-à-dire toute la dernière section, la matinée chez la princesse de Guermantes, avec la révélation de l'esthétique. Mais il est aussi composé des parties les plus récentes, celles consacrées à la guerre, qui n'étaient naturellement pas prévues à l'origine, mais qui ont donné à ce dernier volume un effet pathétique supplémentaire. Parmi les nombreuses conséquences de l'allongement imprévu de l'œuvre, se trouve en effet la difficulté de situer chronologiquement la matinée Guermantes : le narrateur écrit qu'il revient à Paris bien après la guerre. Mais Proust lui-même n'est mort que quatre ans après la fin de la guerre, en 1922. Selon les calculs effectués par certains critiques, cette matinée devrait avoir lieu… en 1925. Autrement dit, on constate une fois de plus que la *Recherche* n'est pas une autobiographie, et que Proust, pour représenter la vieillesse et la mort de son narrateur, s'est projeté dans un temps imaginaire.

RÉSUMÉ

I. À Tansonville, le narrateur continue ses promenades et ses conversations avec Gilberte, mais souffre de la froideur nouvelle de Saint-Loup. Par hasard, la veille de son départ, il ouvre le *Journal* des frères Goncourt : il y trouve une description du salon Verdurin qui fait de ceux-ci des êtres d'élite, et qui persuade le narrateur du caractère illusoire de la littérature. Car les Verdurin qui sont évoqués n'ont guère de rapport avec ceux qu'il a connus.

II. Après de longues années passées dans une maison de santé, le narrateur revient à Paris pendant la guerre, d'abord en 1914, puis en 1916. La guerre a opéré le même bouleversement qu'autrefois l'affaire Dreyfus : le salon Verdurin est devenu très à la mode. Le narrateur rencontre M. de Charlus, qui, en vieillissant, ressemble à présent à tous les homosexuels. Sa situation mondaine s'est dégradée. Il avoue au narrateur son désir de revoir Morel, mais celui-ci refuse au nom d'une peur qui sera justifiée lorsque le narrateur recevra, bien plus tard, une lettre posthume du baron lui confiant qu'il aurait tué Morel s'il l'avait revu.

Se promenant dans un Paris privé de lumière, le narrateur a l'impression d'être dans un conte des *Mille et Une Nuits*. Croyant trouver un bar, il entre dans une maison étrange. Depuis la chambre qu'il a obtenue pour se reposer, il découvre un homme enchaîné qui se fait fouetter : c'est M. de Charlus, propriétaire de cette maison de passe pour hommes tenue par Jupien, et qui cherche à assouvir son désir d'être brutalisé. De nouveau dans les rues, sous les alertes qui se succèdent, le narrateur voit à présent Paris comme une Pompéi menacée par la destruction. Il avait cru voir Saint-Loup sortir de cette maison ; celui-ci y a en effet perdu sa croix de guerre. Le narrateur apprend peu après que celui-ci est mort sur le front en manifestant une très grande bravoure.

III. Bien après la guerre, après un nouveau séjour en maison de santé, le narrateur revient à Paris. Il croit n'avoir plus aucune disposition pour la littérature, et donc n'a plus aucun scrupule à goûter un plaisir depuis longtemps oublié en se rendant chez la princesse de Guermantes. Il rencontre en chemin M. de Charlus, retombé en enfance et presque aveugle, qui énumère tous ses amis disparus. En entrant dans la cour de l'hôtel de Guermantes, le narrateur songe encore une fois que les joies de l'esprit lui sont interdites. Tout à coup, il bute contre des pavés inégaux : il éprouve la même félicité qu'autrefois lors de l'épisode de la madeleine, revoit, en un éblouissement, son séjour à Venise dont il n'avait gardé qu'un souvenir desséché et a l'impression d'échapper au temps. Il entre dans l'hôtel, résolu cette fois à comprendre ce phénomène et l'éprouve une nouvelle fois dans la pièce attenante au salon où l'on joue de la musique : la raideur d'une serviette empesée, le bruit d'une cuiller lui rappellent des sensations de Balbec. Il comprend alors que le rapprochement de ces deux sensations, passée et présente, le fait échapper à l'ordre du temps, et que seul le souvenir permet d'atteindre la réalité, alors que celle-ci paraît si décevante. L'œuvre d'art sera alors le seul moyen d'éclaircir cette réalité, à l'aide de la métaphore. C'est pourquoi la matière du livre importe peu : l'art populaire ou l'art utilitaire n'est pas supérieur. L'art véritable consiste à éclaircir certaines impressions, et c'est pourquoi le narrateur comprend que la matière de son livre sera sa propre vie. Ainsi ce récit pourrait s'appeler « une vocation », bien que celle-ci ait été constamment dissimulée et retardée. De ce point de vue, le véritable initiateur de cette œuvre future aura été Swann.

IV. Cependant, en entrant dans le salon à la porte duquel il se livrait à ces réflexions, le narrateur voit s'élever une difficulté imprévue. Tout d'abord, il ne comprend pas pourquoi tous les invités semblent s'être grimés et poudrés de blanc : c'est tout simplement le temps, dont il découvre brusquement les effets. Tous ceux qui l'entourent sont ainsi métamorphosés. Quant à lui, qui se prenait encore pour un jeune homme, on le traite avec la déférence due aux vieillards. Le temps a suscité d'autres métamorphoses mondaines : la princesse de Guermantes est morte, et celle qui lui succède n'est autre que Mme Verdurin, devenue reine de l'aristocratie. Odette, toujours vivante, est la maîtresse du duc de Guermantes. De nouveaux venus se mêlent aux anciens membres du faubourg Saint-Germain : Bloch découvre le monde comme naguère le narrateur. La duchesse de Guermantes elle-même croit que le narrateur a toujours fait partie de leur monde ; elle a sacrifié peu à peu son ancienne situation mondaine. Réunissant tous les fils du passé, Mlle de Saint-Loup, fille de Robert et de Gilberte, est le symbole du temps écoulé. Il est temps pour le narrateur de se mettre à son œuvre, et il commence à écrire malgré l'incompréhension qu'il rencontre. Car la mort approche : il travaillera désormais la nuit, avec l'aide de la vieille Françoise, et donnera à l'œuvre à venir la forme du temps.

COMMENTAIRE

Le roman de la guerre

À la fin du *Temps retrouvé*, le narrateur évoque le souvenir de Saint-Loup avec Gilberte, et les conceptions de ce dernier sur la guerre. Il avait compris, lui dit-il, que la guerre « est humaine, se vit comme un amour ou comme une haine, pourrait être racontée comme un roman », et c'est pourquoi la guerre n'obéit qu'en apparence à une stratégie. Certes, le narrateur, lorsqu'il revoit Saint-Loup avant la mort de celui-ci, l'interroge, en écho avec les conversations de Doncières, sur les nouvelles stratégies, et Proust reprend souvent, dans maint passage du *Temps retrouvé*, la substance d'articles ou d'ouvrages lus sur la guerre. Mais celle-ci est essentiellement matière poétique et romanesque : le narrateur ne souligne-t-il pas, à propos des surprises de la guerre, qu'un général est comme un écrivain qui veut faire un certain livre, et que le livre lui-même fait dévier du plan préconçu – ce qui, naturellement, est arrivé à Proust lui-même ? Ainsi les bombardements sont-ils l'occasion de comparaisons stellaires, tandis que les sirènes évoquent le chant des Walkyries dans l'opéra de Wagner. Quant à l'aspect psychologique de la guerre, il se justifie du fait que les conflits entre nations respectent, toutes proportions gardées, ceux qui opposent les individus. Et c'est pourquoi, là encore, le narrateur est conduit à décrypter les signes, dans le discours politique cette fois, et ne pas ajouter foi aux protestations pacifistes des nations ennemies – ou au « bourrage de crâne » de la presse nationaliste.

Car, sans adopter pour autant le défaitisme et la germanophilie de Charlus, le narrateur se livre à une critique sévère du nationalisme, et décrit avec une certaine amertume les reclassements sociaux justifiés par celui-ci. Ainsi, dans une page où il s'interroge sur le destin politique de Saint-Loup s'il avait vécu, le narrateur évoque brièvement, mais avec beaucoup de réalisme historique, le triomphe du « Bloc national » après la guerre, de ce qu'on a appelé la « Chambre bleu horizon » par référence à l'uniforme des soldats et au chauvinisme de ses membres, et la façon dont le prétendu héroïsme justifie toutes les alliances et toutes les corruptions.

La fin d'un monde

Si, dès les premiers projets de la *Recherche*, Proust avait prévu que le dernier volume serait l'occasion de marquer la fin d'un monde, la guerre, qui est venue s'intégrer à l'œuvre en cours, a donc apporté à la disparition de ce monde le caractère dramatique qui lui aurait peut-être manqué, et donné une nouvelle vigueur à l'image de la cité maudite, punie par Dieu, qui a servi à Proust dans *Sodome et Gomorrhe*. C'est à présent à Pompéi qu'est comparé le Paris de la guerre, mais un Pompéi lui-même symbole de corruption puisque, M. de Charlus le rappelle au narrateur, on avait retrouvé sur l'un des murs de la cité antique l'inscription « Sodoma, Gomora ». Ainsi la destruction et la mort qui tombent sur la ville nocturne prennent-elles une dimension mythique et renvoient-elles au destin des grandes cités disparues comme Babylone.

Car la guerre est l'occasion de manifester des qualités qui auraient pu rester insoupçonnées : tels ces soldats cités par Saint-Loup, qui auraient pu, s'il n'y avait eu la guerre, mourir dans leur lit sans se douter qu'ils étaient des héros, tels ces Larivière à qui le narrateur, se confondant pour une fois avec Proust, rend hommage en précisant que « seuls ceux-là sont des gens réels, qui existent », dans « ce livre où il n'y a pas un seul fait qui ne soit fictif, où il n'y a pas un seul personnage "à clefs", où tout a été inventé par [lui] selon les besoins de [sa] démonstration », et qui sont en effet des proches parents de Céleste Albaret. Mais la guerre est aussi la justification de tous les débordements, de tous les égoïsmes, et l'autre comparaison qui vient à l'appui est celle du Paris du Directoire : un symbole ironique en est fourni par Mme Verdurin continuant à engloutir son croissant quotidien en lisant le journal empli des horreurs de la guerre, ou M. de Charlus trouvant dans la présence de soldats de toute nationalité un nouvel aliment à son imagination.

Le déclin de l'aristocratie

Cette fin d'un monde, c'est aussi, bien sûr, la fin du « monde » au sens où le narrateur l'a connu dans sa jeunesse. Témoin M. de Charlus qui à présent salue respectueusement cette Mme de Sainte-Euverte qu'il abreuvait autrefois de ses sarcasmes : effets de son gâtisme, mais aussi signe du bouleversement de la société qui s'est opéré à la faveur, notamment, de la guerre.

Mais c'est bien sûr, au cours de cette « matinée Guermantes », que se lit le plus clairement ce déclin de l'aristocratie. Surtout, ce qui frappe le narrateur, c'est la perte du savoir, le brouillage des repères mondains : Mme de Guermantes ne croit-elle pas que c'est chez elle que le narrateur a connu Swann, alors que celui-ci est la première « relation » du narrateur ? La dernière partie du *Temps retrouvé* fourmille ainsi de ces « hérésies » mondaines que le narrateur relève avec amertume ou ironie : en ne respectant plus son propre système de valeurs, l'aristocratie a prouvé qu'elle ne méritait pas de survivre. Le plus frappant est naturellement cette déchéance de la duchesse de Guermantes qui montre que, néanmoins, malgré les transformations, les mêmes lois continuent à s'appliquer : persuadée de détenir la plus haute situation mondaine du Faubourg Saint-Germain, elle n'a pas su l'entretenir, telle autrefois Mme de Villeparisis et, récemment, Gilberte.

Les effets du temps

Cependant, ce n'est pas seulement la guerre, comme autrefois l'affaire Dreyfus, ou telle ou telle mutation sociale, qui explique ce déclin. Le narrateur est brusquement confronté aux effets d'un temps qu'il n'a pas vu passer ; ce sont les célèbres pages de la matinée Guermantes, où Proust développe la métaphore filée du déguisement, d'où des effets comiques d'une grande cruauté. Le comique est aussi dans la découverte de son propre vieillissement : il est toujours difficile, dans la *Recherche*, de savoir quel âge a le narrateur. Tout au plus peut-on discerner qu'il est un enfant, un jeune homme, un homme un peu plus mûr… Le voir désigné comme un vieil homme par les autres invités produit brutalement, sur le lecteur, le même effet que celui qui est ressenti par le narrateur à l'égard des autres invités.

Cet effet est accentué par le « blanc » du *Temps retrouvé* : dans son article sur Flaubert, Proust écrit que ce qu'il y a de plus beau dans *L'Éducation sentimentale*, c'est un « blanc », cette rupture dans la continuité narrative qui se produit au début du dernier chapitre, les longues années passées par Frédéric Moreau à voyager. De même, dans *Le Temps retrouvé*, après un récit suivi de la vie du narrateur, s'écoulent de longues années qui nous restent inconnues. Cela ne fait que mettre en valeur la résurrection qui va se produire.

Une esthétique fondée sur le temps

Car cette découverte a des effets d'autant plus pathétiques que, précisément, elle succède à la révélation que vient de vivre le narrateur : que l'on peut, pendant quelques secondes, se trouver « affranchi de l'ordre du temps ». C'est l'effet de la réminiscence qui, juxtaposant une sensation d'autrefois sur une sensation d'aujourd'hui, non seulement fait revivre le passé, mais donne l'impression que le temps n'existe plus. Cependant, ce moment de réminiscence est éphémère. L'œuvre d'art, en faisant sa matière de ces réminiscences, en les éclaircissant, les sauvera de la disparition. Mais comme le remarque le narrateur, il a été, dans son itinéraire, confronté, non seulement à des réminiscences, mais aussi à des « impressions obscures », qui lui donnaient l'impression de cacher « non pas une sensation d'autrefois mais une vérité nouvelle », à la manière des clochers de Martinville ou des arbres d'Hudimesnil. Ces impressions obscures impliquent néanmoins le même effort d'élucidation que si la mémoire était en jeu, « comme si nos plus belles idées étaient comme des airs de musique qui nous reviendraient sans que nous les eussions jamais entendus, et que nous nous efforcerions d'écouter, de transcrire ». Dans les deux cas, il s'agit d'une entreprise de déchiffrement des signes, entreprise qui, en rendant sa vérité à la vie qui semble insignifiante et vaine, la fait échapper au temps et à la mort ; comme l'écrit le narrateur : « Qu'il s'agît d'impressions comme celle que m'avait donnée la vue des clochers de Martinville, ou de réminiscences comme celle de l'inégalité des deux marches ou le goût de la madeleine, il fallait tâcher d'interpréter les sensations comme les signes d'autant de lois et d'idées, en essayant de penser, c'est-à-dire de faire sortir de la pénombre ce que j'avais senti, de le convertir en un équivalent spirituel. » Et ceci, « qu'était-ce autre chose que faire une œuvre d'art ? ». Ainsi s'élabore, entre le moment où le narrateur, découragé et accablé, entre dans la cour Guermantes, et celui où il accède à leur salon, une véritable esthétique qui est le fondement théorique de la *Recherche*.

Le livre intérieur

Ainsi le livre idéal, celui que s'apprête à écrire le narrateur, est avant tout un « livre intérieur », une traduction de soi-même. Lorsque le narrateur comprend que les matériaux de l'œuvre future viennent de sa propre vie, cela ne signifie pas qu'il doive écrire tout simplement son autobiographie, mais que le « sujet » de son œuvre, qu'il a si longtemps cherché en vain, doit consister en l'approfondissement de sensations, de sentiments, éprouvés personnellement. C'est pourquoi l'art qui se fixerait un autre but, la littérature qui se voudrait utile, voire « réaliste », est en réalité pour Proust la plus inutile. Car cela seul qui est approfondi au nom d'une nécessité intérieure peut apporter quelque chose au lecteur qui est « quand il lit le propre lecteur de soi-même ».

C'est pourquoi aussi le style de l'œuvre doit être fondé sur la métaphore : car elle oblige, par le travail de comparaison, à préciser ce qui sans cela, resterait vague et flou, resterait lettre morte. En revanche, l'œuvre véritable est source de bonheur, non seulement pour celui qui lit, mais aussi pour celui qui écrit, car elle lui révèle « la vraie vie ». Rimbaud écrivait que « la vraie vie est ailleurs ». De même pour Proust (qui reprend du reste la formule dans l'une de ses lettres), l'écriture, la création de façon générale, est le seul moyen de ne pas passer à côté de la réalité profonde de l'existence.

La « circularité » de l'œuvre

On a souvent souligné que la structure de la *Recherche* était circulaire : selon la formule de Jean Rousset, l'œuvre est conçue « de telle façon que sa fin engendre son commencement », puisque le narrateur nous raconte sa vie jusqu'au moment où il a précisément la révélation qu'il doit écrire un livre. Cela signifie-t-il pour autant qu'*À la recherche du temps perdu* est le livre que s'apprête à écrire le narrateur ? Selon Nabokov, dans *Littératures I*, la *Recherche* n'est qu'une « copie » de ce livre idéal dont le narrateur vient de définir les principes. En fait, cette ambiguïté fondamentale n'est pas vraiment dissipée par Proust. À la fin du *Temps retrouvé*, le narrateur se fixe en effet un programme esthétique qui se propose de respecter la vérité de l'impression, qui est toujours une erreur des sens, une illusion d'optique : « Certes, écrit-il, il est bien d'autres erreurs de nos sens, on a vu que divers épisodes de ce récit me l'avaient prouvé, qui faussent pour nous l'aspect réel de ce monde. Mais enfin je pourrais à la rigueur, dans la transcription plus exacte que je m'efforcerais de donner, ne pas changer la place des sons, m'abstenir de les détacher de leur cause à côté de laquelle l'intelligence les situe après coup, bien que faire chanter doucement la pluie au milieu de la chambre et tomber en déluge dans la cour l'ébullition de notre tisane ne dût pas être en somme plus déconcertant que ce qu'ont fait si souvent les peintres quand ils peignent très près ou très loin de nous, selon que les lois de la perspective, l'intensité des couleurs et la première illusion du regard nous les font apparaître, une voile ou un pic que le raisonnement déplacera ensuite de distances quelquefois énormes. Je pourrais, bien que l'erreur soit plus grave, continuer comme on fait à mettre des traits dans le visage d'une passante, alors qu'à la place du nez, des joues et du menton, il ne devrait y avoir qu'un espace vide sur lequel jouerait tout au plus le reflet de nos désirs. » À défaut de ces erreurs, continue d'expliquer le narrateur, il pourra toujours représenter l'homme, en une déformation monstrueuse, « ayant la longueur non de son corps mais de ses années » et devant « les traîner avec lui quand il se déplace ». Or c'est exactement le programme esthétique qui est appliqué dans la *Recherche*. Car celle-ci est pleine de ces erreurs des sens : illusions de la perception – comme celles dont la peinture d'Elstir a donné de nombreux exemples –, illusions de l'amour, personnages décrits dans le temps. Ce sont elles qui constituent la matière du livre, plus que les instants d'extase : seules les erreurs sont intéressantes du point de vue de l'art, et fourniront sa matière poétique au livre du narrateur. Et pourtant, le livre que s'apprête à écrire le narrateur n'est pas la *Recherche*. Comme l'écrit Gérard Genette dans *Figures III* : « La Recherche reste un roman de formation, et ce serait en fausser les intentions et surtout en forcer le sens que d'y voir un "roman du romancier", comme dans *Les Faux-Monnayeurs* ; c'est un roman de futur romancier. »

Le narrateur Shéhérazade

Si le narrateur a découvert le moyen d'échapper aux effets dissolvants du temps, pourtant les dernières pages du *Temps retrouvé* sont empreintes d'angoisse. Et le narrateur s'interroge : « Mais était-il encore temps pour moi ? N'était-il pas trop tard ? » Cette angoisse que Proust a constamment connue dans les dernières années de sa vie, de mourir avant d'avoir terminé son œuvre, s'exprime à travers une image qui fait en quelque sorte la synthèse de toutes les références à l'Orient qui imprègnent la *Recherche* : ce livre qu'il s'apprête à écrire, il devra y travailler la nuit, « beaucoup de nuits, peut-être cent, peut-être mille ». Il sera aussi long que ces *Mémoires* de Saint-Simon et que ces *Mille et Une Nuits* qu'il a tant aimés. Telle Shéhérazade, il devra interrompre son récit, sans savoir si « le Maître de [sa] destinée, moins indulgent que le sultan Sheriar », le laissera poursuivre la nuit suivante. L'écriture est ainsi menacée par la mort, telle l'héroïne du conte arabe. Mais pareil à Shéhérazade, le narrateur sait qu'il sauve chaque nuit sa vie grâce à son récit.

Clôturant son récit, le narrateur indique ainsi un double modèle pour l'œuvre à venir, celui des livres qu'il a tant aimés, mais qu'il ne refera que de manière involontaire, sans l'avoir cherché : les *Mémoires* de Saint-Simon, dont on a déjà vu qu'ils étaient fréquemment pastichés dans la *Recherche* même, et qui renvoient à toute la tradition littéraire classique. Et *Les Mille et Une Nuits*, ouverture sur le monde magique de l'Orient, de l'imaginaire, qui rappellent qu'*À la recherche du temps perdu* est aussi une féerie.

Proust critique

L'activité de critique de Proust ne peut guère être séparée de l'écriture de la *Recherche*. Comme en témoigne sa correspondance, Proust n'a cessé de manifester un intérêt passionné à la fois pour les grands écrivains qu'il admire, et sur lesquels il ne supporte pas de voir soutenir des thèses qui lui paraissent erronées, et pour la production contemporaine, passant souvent d'une louange excessive – par politesse, lorsqu'il s'agit de livres envoyés par des amis – à une sévérité exacerbée. Mais c'est à partir du moment où s'esquissent les premiers projets de la *Recherche* – où il fait œuvre de critique, dans les textes de *Contre Sainte-Beuve* – que cette critique devient inséparable de l'œuvre, s'en nourrissant et venant la nourrir à son tour. Dans cette production abondante, on peut retenir deux pôles : les pastiches et les articles critiques.

Les Pastiches

DESCRIPTIF

Proust s'est inspiré d'un fait divers, l'« affaire Lemoine » : un ingénieur, Lemoine, avait prétendu avoir découvert le secret de fabrication du diamant, et avait reçu de l'argent d'une des plus grandes sociétés minières, puis avait été démasqué comme faussaire. C'est ce fait divers qui est traité par Proust à la manière d'un roman de Balzac, de Flaubert, de Sainte-Beuve critiquant le texte de Flaubert, d'Henri de Régnier, des frères Goncourt dans leur *Journal*, de Michelet, d'Émile Faguet dans un feuilleton dramatique, de Renan, de Saint-Simon dans ses *Mémoires*. Il cite pêle-mêle des personnages réels ou historiques, avec des anachronismes voulus. Ainsi, dans son pastiche de Saint-Simon, évoque-t-il les traits d'esprit de son amie Mme Straus (qui est aussi l'auteur de nombreux « mots » de Mme de Guermantes), comme s'il s'agissait d'une aristocrate. Il cite aussi d'autres personnages comme Montesquiou ou son ami Lucien Daudet, voire lui-même dans le *Journal* des Goncourt.

Publiés pour la première fois en 1908, les pastiches de Proust ont été repris en volume, en 1919, sous le titre de *Pastiches et Mélanges*. Ils font partie intégrante de la critique de Proust puisque celui-ci les appelle de la « critique en action ». Sensible aux moindres particularités d'un style, à « l'air de la chanson » comme il l'écrit dans *Contre Sainte-Beuve*, il préfère en montrer les règles sous forme d'exemples plutôt qu'en l'expliquant de manière didactique : « car chez un écrivain, quand on tient l'air, les paroles viennent bien vite ».

Comme pour tout pastiche, le but visé est comique : l'effet est obtenu en caricaturant, en poussant à l'extrême les traits caractéristiques de l'auteur en question. Ainsi, à propos de Flaubert, le pastiche est inséparable des textes critiques de Proust sur lui : on y retrouve la stricte application des principes, syntaxiques avant tout, qui définissent le style de Flaubert aux yeux de Proust. De même, dans le pastiche d'une critique de ce texte par Sainte-Beuve, on retrouve tous les tics d'écriture qui exaspèrent Proust et qu'il relève dans *Contre Sainte-Beuve* justement. De plus, les variations stylistiques sont d'autant plus frappantes que Proust ne se contente pas de broder sur un même schéma narratif, mais situe le pastiche dans le genre qui lui semble le plus représentatif de l'auteur : dans le roman de Balzac, c'est une conversation de salon, où chaque personnage apporte son mot, exactement comme dans ce texte, « Autre étude de femme », que Proust citait dans *Contre Sainte-Beuve*. Sainte-Beuve ne pouvait écrire qu'un article de critique, tandis que chez Flaubert, c'est une description de l'atmosphère du procès. Dans le *Journal* des Goncourt, c'est une conversation rapportée, une succession de traits curieux. Dans celui d'Émile Faguet, critique dramatique médiocre, Proust imagine que l'affaire Lemoine est le sujet d'une pièce de théâtre, que Faguet critique justement pour son invraisemblance : occasion, au passage, de montrer les rapports complexes entre la fiction et la vérité. Quant au pastiche de Saint-Simon, il est empli de digressions sur les titres et les préséances.

Mais de plus les pastiches ont une autre fonction. Ce n'est pas un hasard si leur écriture coïncide avec les premières esquisses de la *Recherche*. Pour Proust, tout écrivain, tout artiste, commence par imiter inconsciemment, involontairement, les maîtres qu'il a admirés. Plutôt que de le faire de cette façon, mieux vaut se « purger » de ces influences en les pastichant. Et c'est pourquoi on ne s'étonnera pas de trouver également des pastiches dans la *Recherche* : le plus important est sans doute celui du

Journal des Goncourt, au début du *Temps retrouvé*, où l'on découvre sous un jour nouveau le salon Verdurin, et qui a valeur de dénonciation de l'écriture « artiste », qui enjolive la réalité de manière artificielle, en se contentant de noter les apparences. Mais on trouve également des pastiches de chroniques mondaines, de notices chronologiques, d'articles sur la guerre, des pastiches d'Anatole France (lorsque est évoqué le style de Bergotte), de Giraudoux (le nouvel écrivain qui, dans *Le Côté de Guermantes*, détrône Bergotte dans les goûts du narrateur). Enfin Proust n'hésite pas à se pasticher lui-même en faisant parler Albertine comme il écrit (le passage sur les glaces dans *La Prisonnière*).

Les articles critiques

Proust a écrit de nombreux articles, souvent de circonstance, critiques d'amis écrivains, « salons » mondains… D'autre part, dans *Pastiches et Mélanges*, on trouve, outre les préfaces aux traductions de Ruskin, certains articles écrits à des époques différentes par Proust, qui ne sont pas vraiment des articles de critique mais qui touchent à des questions esthétiques plus vastes : « Journées en automobile », consacré aux pèlerinages proustiens vers les grandes cathédrales, « La mort des cathédrales », écrit pour protester contre l'abandon de l'entretien des églises après la loi de séparation de l'Église et de l'État, enfin « Sentiments filiaux d'un parricide », qui a pour point de départ un fait divers récent, le meurtre de sa mère par un jeune homme qui s'est ensuite suicidé. Proust, qui connaissait celui-ci, commente ce crime en faisant référence à Sophocle, Shakespeare et Dostoïevski, évoquant la « fatalité [...] pathologique » qui a jeté un « fils tendre et pieux [...] dans un crime et une expiation dignes de demeurer illustres ». Mais c'est surtout après la guerre, lorsqu'il commence enfin à être reconnu et que l'essentiel de la *Recherche* est écrit, qu'il publie ses grands articles critiques.

DESCRIPTIF

« À propos du "style" de Flaubert » (*La Nouvelle Revue Française*, janvier 1920) : Proust réfute un article d'Albert Thibaudet affirmant que Flaubert écrivait mal. Il montre que la beauté du style de Flaubert est «grammaticale», dans un certain emploi de l'imparfait et de la conjonction «et». Le style de Flaubert est un «grand *Trottoir roulant* [...] au défilement continu, monotone, morne, indéfini», qui a renouvelé notre vision des choses.

«Pour un ami (remarques sur le style)», préface à *Tendres Stocks* de Paul Morand (*La Revue de Paris*, 15 novembre 1920). Le point de départ de cet article est la réfutation d'une remarque d'Anatole France selon laquelle «on écrit mal depuis la fin du XVIIIᵉ siècle». Proust cherche alors à définir le style, tout en refusant l'idée d'un modèle, qui supposerait «l'indépendance d'un style unique à l'égard d'une pensée multiforme». À l'appui de cette démonstration, il cite d'abord Baudelaire, et reprend une partie de ce qu'il écrivait dans son *Contre Sainte-Beuve* inédit sur les erreurs du critique. Puis il évoque Stendhal, chez qui, à première vue, il n'y a pas de style au sens proustien, c'est-à-dire de recherche dans l'expression, d'effort pour exprimer les choses de façon nouvelle et unique. Pourtant, il y a bien un style chez Stendhal, de même que chez Dostoïevski : «[...] si l'on considère comme faisant partie du style cette grande ossature inconsciente que recouvre l'assemblage voulu des idées, elle existe chez Stendhal. Quel plaisir j'aurais à montrer que, chaque fois que Julien Sorel ou Fabrice quittent les vains soucis pour vivre d'une façon intéressée et voluptueuse, ils se trouvent toujours dans un lieu élevé [...]. Cela est aussi beau que ces personnages salueurs, analogues à de nouveaux Anges, qui, çà et là, dans l'œuvre de Dostoïevski, s'inclinent jusqu'aux pieds de celui qu'ils devinent avoir assassiné.» Ainsi, le style, ce n'est pas seulement la recherche des images justes, l'agencement des mots, c'est aussi la récurrence secrète de certains éléments de structure, qui en définitive donnent sa véritable solidité à l'œuvre. L'article se termine par une définition de l'image juste, c'est-à-dire «inévitable»: «L'eau (dans des conditions données) bout à 100 degrés. À 98, 99, le phénomène ne se produit pas. Alors mieux vaut pas d'images.»

«À propos de Baudelaire» (*La Nouvelle Revue Française*, juin 1921). Baudelaire est pour Proust le plus grand poète du XIXᵉ siècle avec Alfred de Vigny. Il fait partie de cette famille de grands créateurs malades – «un Baudelaire, mieux encore un Dostoïevski» – dont la souffrance semble la condition même de leur génie. Mais en même temps, Baudelaire écrit des vers d'un classicisme pur, dignes de Racine. Plus le sujet de ses poèmes est licencieux (les «Pièces condamnées») et plus la forme en est classique, opposition que Proust reprendra fréquemment dans les dernières années de sa vie.

Proust n'a pas cherché, dans ces années de l'après-guerre, à constituer consciemment un livre de critique. Le principe de ces articles, en fait, est toujours le même : Proust réagit à une incitation extérieure, en général un autre article critique. Il est, en ce qui concerne Flaubert et Baudelaire, poussé et encouragé par Jacques Rivière, directeur de *La Nouvelle Revue française*, qui rêve justement de lui faire composer un ouvrage de critique, et qui aurait aimé le faire écrire sur d'autres écrivains. Dès lors, il écrit très vite, en citant les textes de mémoire, et, le plus souvent, en reprenant des idées écrites depuis bien longtemps dans les cahiers de *Contre Sainte-Beuve*. Mais, malgré la rédaction hâtive et la diversité des auteurs abordés, on remarque que Proust emploie toujours la même méthode : il essaie de dessiner, à partir de phrases ou de vers caractéristiques, les traits récurrents d'un auteur, en montrant comment ces phrases ou ces vers matrices rendent compte de l'ensemble de l'œuvre. Pourtant, malgré les apparences, ce n'est pas uniquement une méthode stylistique : mais à partir de ces éléments clés peut se reconstituer tout l'univers spirituel de l'écrivain, ce que Proust, dans son texte de *Contre Sainte-Beuve* sur Baudelaire, appelait sa « planète ». On peut remarquer aussi que ces articles évoquent les écrivains auxquels Proust voue une admiration croissante et auxquels il s'identifie : Flaubert mais aussi Racine et Dostoïevski dans l'article sur Baudelaire, Stendhal dans la Préface à *Tendres Stocks* de Paul Morand.

Ces articles ont eu le plus souvent un certain retentissement, et les thèses de Proust font en général l'objet de vives discussions. Mais, concentrés dans les dernières années de sa vie, ils ne lui ont pas permis de s'imposer comme critique. C'est seulement à partir de la fin des années 50 que sa méthode fait école : un critique comme Jean Rousset, qui est aussi l'un des meilleurs commentateurs de Proust, n'écrit-il pas dans *Forme et Signification* (1962) : « [...] ce qui ne s'offre qu'une fois au regard peut passer inaperçu et ne prendre toute sa réalité que par la répétition ; les ressemblances dans la diversité et les permanences dans la succession sont souvent les signes d'une identité profonde » ? Comme Jean Rousset le souligne lui-même, c'est exactement la méthode appliquée par Proust et par le narrateur de la *Recherche* lorsqu'il essaie de définir, dans *La Prisonnière*, la « beauté nouvelle », toujours identique, apportée par un tableau de Vermeer ou un personnage de Dostoïevski. De façon plus générale, la méthode proustienne peut aussi évoquer les principes du structuralisme, puisque, partant du détail, elle parvient à reconstituer la vision ou la structure d'ensemble.

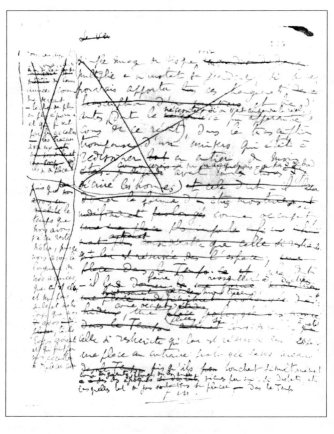

Dernière page du cahier XX du manuscrit du *Temps retrouvé*.

Conclusion

La gloire de Marcel Proust est aujourd'hui si grande qu'il est difficile de se représenter le désintérêt, voire le mépris, avec lequel son œuvre a été considérée par ses contemporains. Si, à la veille de sa mort, Proust commençait en effet à jouir d'un certain succès et de l'admiration de quelques critiques passionnés, la fin de la *Recherche*, posthume, suscite l'indifférence ou même l'hostilité. Jacques Rivière, qui en avait été un défenseur zélé, disparaît très tôt, non sans avoir contribué, avec l'aide de Robert Proust, à la mise au point des derniers volumes, au déchiffrement de ses cahiers inédits. L'oubli dans lequel tombe Proust est presque total jusqu'aux années 60, quand ce n'est pas le contresens qui fait de la *Recherche* l'œuvre d'un snob, ou tout au moins d'un précieux, attaché à approfondir des sentiments inconsistants. « Il est vrai, écrit Proust dans *Contre Sainte-Beuve*, que même de cet oubli qui l'abîme davantage, qui le défigure sous des couleurs qu'[il] n'a pas, un chef-d'œuvre a tôt fait de sortir, quand une interprétation vraie lui rend sa beauté. » Ce n'est qu'à partir des années 60-70 que l'on commence à se rendre compte que cet immense roman est aussi plus moderne que beaucoup de ceux qui ont occupé le devant de la scène pendant le XXe siècle. Et ce n'est pas un hasard si c'est le Nouveau Roman qui favorise cette découverte, puisque l'œuvre de Proust représente une véritable entreprise de destruction du roman traditionnel.

À l'étranger toutefois la reconnaissance semble plus rapide. Très tôt, certains critiques, surtout anglo-saxons, mais aussi italiens, soulignent la proximité de Proust avec les plus grands créateurs de la fin du XIXe et du XXe siècle. Certains de ces parallèles ont été préparés par Proust lui-même, lorsqu'il salue des écrivains qu'il reconnaît animés de préoccupations analogues : Thomas Hardy, Dostoïevski, cités dans *La Prisonnière* pour leur art de la construction, pour l'étrangeté de l'univers, ou Henry James, au sujet duquel il demande des renseignements, et avec qui il partage l'art du point de vue. Mais la destruction de la psychologie traditionnelle, l'intérêt pour le langage, la conviction que seul l'art est une forme de salut, le rapprochent aussi de tant d'autres qu'il n'a pu connaître, et qui comme lui ont sacrifié leur vie entière à une œuvre, Kafka, Joyce, ou encore Beckett.

Proust à l'époque des « jeunes filles en fleurs ». Photo de jeunesse, 1892.

Groupements thématiques

AMOUR

Textes

Surtout « Un amour de Swann », *La Prisonnière* et *Albertine disparue*. Voir aussi la première partie d'*À l'ombre des jeunes filles en fleurs*, *Le Côté de Guermantes*.

Citations

« J'aurais dû partir ce soir-là sans jamais la revoir. Je pressentais dès lors que dans l'amour non partagé – autant dire dans l'amour, car il est des êtres pour qui il n'est pas d'amour partagé – on peut goûter du bonheur seulement ce simulacre qui m'en était donné à un de ces moments uniques dans lesquels la bonté d'une femme, ou son caprice, ou le hasard, appliquent sur nos désirs, en une coïncidence parfaite, les mêmes paroles, les mêmes actions, que si nous étions vraiment aimés. » *Sodome et Gomorrhe.*

« [...] la jalousie est de ces maladies intermittentes, dont la cause est capricieuse, impérative, toujours identique chez le même malade, parfois entièrement différente chez un autre. [...] il n'est guère de jaloux dont la jalousie n'admette certaines dérogations. Tel consent à être trompé pourvu qu'on le lui dise, tel autre pourvu qu'on le lui cache, en quoi l'un n'est guère moins absurde que l'autre, puisque si le second est plus véritablement trompé en ce qu'on lui dissimule la vérité, le premier réclame en cette vérité, l'aliment, l'extension, le renouvellement de ses souffrances. » *La Prisonnière.*

« Si jadis je m'étais exalté en croyant voir du mystère dans les yeux d'Albertine, maintenant je n'étais heureux que dans les moments où de ces yeux, de ces joues mêmes [...] je parvenais à expulser tout mystère. L'image que je cherchais, où je me reposais, contre laquelle j'aurais voulu mourir, ce n'était plus l'Albertine ayant une vie inconnue, c'était une Albertine aussi connue de moi qu'il était possible (et c'est pour cela que cet

amour ne pouvait être durable à moins de rester malheureux, car par définition il ne contentait pas le besoin de mystère). » *La Prisonnière*.

« On a dit que la beauté est une promesse de bonheur. Inversement la
possibilité du plaisir peut être un commencement de beauté. » *La Prisonnière*.

ART

Textes

Peinture : la deuxième partie d'*À l'ombre des jeunes filles en fleurs*.

Musique : « Un amour de Swann », *La Prisonnière* (soirée Verdurin).

Théâtre : première partie d'*À l'ombre des jeunes filles en fleurs*. *Le Côté
de Guermantes I*.

Littérature : *passim*, mais en particulier *Contre Sainte-Beuve*, *À l'ombre
des jeunes filles en fleurs* (le style de Bergotte), et tout *Le Temps retrouvé*.

Citations

« Or, quand nous verrons un écrivain, à chaque page, à chaque situation
où se trouve son personnage, ne jamais l'approfondir, ne pas le repenser
sur lui-même, [...] quand par le choix ou plutôt l'absence absolue [de]
choix de ses mots, de ses phrases, la banalité rebattue de toutes ses
images, l'absence d'approfondissement d'aucune situation, nous sentirons
qu'un tel livre, même si à chaque page il flétrit l'art maniéré, l'art immoral,
l'art matérialiste, est, lui, bien plus matérialiste, car il ne descend pas dans
la région spirituelle d'où sont sorties des pages ne faisant que décrire des
choses matérielles peut-être, mais avec ce talent qui est la preuve indé-
niable qu'elles viennent de l'esprit, il aura beau nous dire que l'autre art
n'est pas de l'art populaire, mais de l'art pour quelques-uns, nous pense-
rons, nous, que c'est le sien qui est cet art-là, car il n'y a qu'une manière
d'écrire pour tous, c'est d'écrire sans penser à personne, pour ce qu'on a
en soi d'essentiel et de profond [...]. » *Contre Sainte-Beuve*.

« Il en est ainsi pour tous les grands écrivains, la beauté de leurs phrases
est imprévisible [...]. » *À l'ombre des jeunes filles en fleurs*.

« De même ceux qui produisent des œuvres géniales ne sont pas ceux
qui vivent dans le milieu le plus délicat, qui ont la conversation la plus
brillante, la culture la plus étendue, mais ceux qui ont eu le pouvoir, ces-
sant brusquement de vivre pour eux-mêmes, de rendre leur personnalité

pareille à un miroir, de telle sorte que leur vie si médiocre d'ailleurs qu'elle pouvait être mondainement et même, dans un certain sens, intellectuellement parlant, s'y reflète, le génie consistant dans le pouvoir réfléchissant et non dans la qualité intrinsèque du spectacle reflété. » *À l'ombre des jeunes filles en fleurs.*

« Je compris alors que l'œuvre de l'écrivain n'était pour la tragédienne qu'une matière, à peu près indifférente en soi-même, pour la création de son chef-d'œuvre d'interprétation, comme le grand peintre que j'avais connu à Balbec, Elstir, avait trouvé le motif de deux tableaux qui se valent, dans un bâtiment scolaire sans caractère et dans une cathédrale qui est, par elle-même, un chef-d'œuvre. » *Le Côté de Guermantes I.*

« L'autre musicien, celui qui me ravissait en ce moment, Wagner, tirant de ses tiroirs un morceau délicieux pour le faire entrer comme thème rétrospectivement nécessaire dans une œuvre à laquelle il ne songeait pas au moment où il l'avait composé, puis ayant composé un premier opéra mythologique, puis un second, puis d'autres encore, et s'apercevant tout à coup qu'il venait de faire une Tétralogie, dut éprouver un peu de la même ivresse que Balzac quand celui-ci, jetant sur ses ouvrages le regard à la fois d'un étranger et d'un père, trouvant à celui-ci la pureté de Raphaël, à cet autre la simplicité de l'Évangile, s'avisa brusquement en projetant sur eux une illumination rétrospective qu'ils seraient plus beaux réunis en un cycle où les mêmes personnages reviendraient et ajouta à son œuvre, en ce raccord, un coup de pinceau, le dernier et le plus sublime. » *La Prisonnière.*

« Chaque artiste semble ainsi comme le citoyen d'une patrie inconnue, oubliée de lui-même, différente de celle d'où viendra, appareillant pour la terre, un autre grand artiste. [...] Cette patrie perdue, les musiciens ne se la rappellent pas, mais chacun d'eux reste toujours inconsciemment accordé en un certain unisson avec elle ; il délire de joie quand il chante selon sa patrie, la trahit parfois par amour de la gloire, mais alors en cherchant la gloire il la fuit, et ce n'est qu'en la dédaignant qu'il la trouve [...]. » *La Prisonnière.*

« L'écrivain ne dit que par une habitude prise dans le langage insincère des préfaces et des dédicaces : "mon lecteur". En réalité, chaque lecteur est quand il lit le propre lecteur de soi-même. L'ouvrage de l'écrivain n'est qu'une espèce d'instrument optique qu'il offre au lecteur afin de lui permettre de discerner ce que sans ce livre il n'eût peut-être pas vu en soi-même. [...] Mais d'autres particularités (comme l'inversion) peuvent faire que le lecteur a besoin de lire d'une certaine façon pour bien lire ; l'auteur n'a pas à s'en offenser, mais au contraire à laisser la plus grande liberté au lecteur en lui disant : "Regardez vous-même si vous voyez mieux avec ce verre-ci, avec celui-là, avec cet autre."» *Le Temps retrouvé*.

« Par l'art seulement nous pouvons sortir de nous, savoir ce que voit un autre de cet univers qui n'est pas le même que le nôtre et dont les paysages nous seraient restés aussi inconnus que ceux qu'il peut y avoir dans la lune. Grâce à l'art, au lieu de voir un seul monde, le nôtre, nous le voyons se multiplier, et autant qu'il y a d'artistes originaux, autant nous avons de mondes à notre disposition, plus différents les uns des autres que ceux qui roulent dans l'infini et, bien des siècles après que s'est éteint le foyer dont il émanait, qu'il s'appelât Rembrandt ou Vermeer, nous envoient encore leur rayon spécial. » *Le Temps retrouvé*.

« Que celui qui pourrait écrire un tel livre serait heureux, pensais-je, quel labeur devant lui ! Pour en donner une idée, c'est aux arts les plus élevés et les plus différents qu'il faudrait emprunter des comparaisons ; car cet écrivain, qui d'ailleurs pour chaque caractère en ferait apparaître les faces opposées, pour montrer son volume, devrait préparer son livre, minutieusement, avec de perpétuels regroupements de forces, comme une offensive, le supporter comme une fatigue, l'accepter comme une règle, le construire comme une église, le suivre comme un régime, le vaincre comme un obstacle, le conquérir comme une amitié, le suralimenter comme un enfant, le créer comme un monde sans laisser de côté ces mystères qui n'ont probablement leur explication que dans d'autres mondes et dont le pressentiment est ce qui nous émeut le plus dans la vie et dans l'art. » *Le Temps retrouvé*.

TEMPS

Textes
Surtout « Combray » et *Le Temps retrouvé*.

Citations

« Car l'homme est cet être sans âge fixe, cet être qui a la faculté de redevenir en quelques secondes de beaucoup d'années plus jeune, et qui entouré des parois du temps où il a vécu, y flotte, mais comme dans un bassin dont le niveau changerait constamment et le mettrait à la portée tantôt d'une époque, tantôt d'une autre. » *Albertine disparue*.

« Car il y a dans ce monde où tout s'use, où tout périt, une chose qui tombe en ruine, qui se détruit encore plus complètement, en laissant encore moins de vestiges que la beauté : c'est le chagrin. » *Albertine disparue*.

« Aussi immatériel que jadis Golo sur le bouton de porte de ma chambre de Combray, ainsi le nouveau et si méconnaissable Argencourt était là comme la révélation du Temps, qu'il rendait partiellement visible. Dans les éléments nouveaux qui composaient la figure de M. d'Argencourt et son personnage, on lisait un certain chiffre d'années, on reconnaissait la figure symbolique de la vie non telle qu'elle nous apparaît, c'est-à-dire permanente, mais réelle, atmosphère si changeante que le fier seigneur s'y peint en caricature, le soir, comme un marchand d'habits. » *Le Temps retrouvé*.

« Aussi, si elle [la force] m'était laissée assez longtemps pour accomplir mon œuvre, ne manquerais-je pas d'abord d'y décrire les hommes, cela dût-il les faire ressembler à des êtres monstrueux, comme occupant une place si considérable, à côté de celle si restreinte qui leur est réservée dans l'espace, une place au contraire prolongée sans mesure puisqu'ils touchent simultanément, comme des géants plongés dans les années à des époques, vécues par eux si distantes, entre lesquelles tant de jours sont venus se placer – dans le temps. » *Le Temps retrouvé*.

MORT

Textes

Le Côté de Guermantes, Albertine disparue, Le Temps retrouvé.

Citations

« Nous disons bien que l'heure de la mort est incertaine, mais quand nous disons cela, nous nous représentons cette heure comme située dans un espace vague et lointain, nous ne pensons pas qu'elle ait un rapport quelconque avec la journée déjà commencée et puisse signifier que la mort – ou sa première prise de possession partielle de nous, après laquelle elle ne nous lâchera plus – pourra se produire dans cet après-midi même, si peu incertain, cet après-midi où l'emploi de toutes les heures est réglé d'avance. » *Le Côté de Guermantes II*.

« La mort des autres est comme un voyage que l'on ferait soi-même et où on se rappelle, déjà à cent kilomètres de Paris, qu'on a oublié deux douzaines de mouchoirs, de laisser une clé à la cuisinière, de dire adieu à son oncle, de demander le nom de la ville où est la fontaine ancienne qu'on désire voir. » *La Prisonnière*.

« Notre amour de la vie n'est qu'une vieille liaison dont nous ne savons pas nous débarrasser. Sa force est dans sa permanence. Mais la mort qui la rompt nous guérira du désir de l'immortalité. » *Albertine disparue*.

« Sans doute mes livres eux aussi, comme mon être de chair, finiraient un jour par mourir. Mais il faut se résigner à mourir. On accepte la pensée que dans dix ans soi-même, dans cent ans ses livres, ne seront plus. La durée éternelle n'est pas plus promise aux œuvres qu'aux hommes. » *Le Temps retrouvé*.

MONDANITÉ / SOCIÉTÉ

Textes

« Un amour de Swann », et toute la partie centrale de la *Recherche* mais, en particulier, *Le Côté de Guermantes*, *Sodome et Gomorrhe* et la dernière partie du *Temps retrouvé*.

Citations

« [...] il faut se rappeler que l'opinion que nous avons les uns des autres, les rapports d'amitié, de famille, n'ont rien de fixe qu'en apparence, mais sont aussi éternellement mobiles que la mer. » *Le Côté de Guermantes I*.

« Tout ce qui nous semble impérissable tend à la destruction ; une situation mondaine, tout comme autre chose, n'est pas créée une fois pour toutes mais aussi bien que la puissance d'un empire, se reconstruit à chaque instant par une sorte de création perpétuellement continue, ce qui explique les anomalies apparentes de l'histoire mondaine ou politique au cours d'un demi-siècle. La création du monde n'a pas eu lieu au début, elle a lieu tous les jours. » *Albertine disparue*.

SIGNES

Textes

Passim, mais en particulier à partir du *Côté de Guermantes*.

Citations

« [...] ce que nous éprouvons, comme nous sommes décidés à toujours le cacher, nous n'avons jamais pensé à la façon dont nous l'exprimerions. Et tout d'un coup, c'est en nous une bête immonde et inconnue qui se fait entendre et dont l'accent parfois peut aller jusqu'à faire peur à qui reçoit cette confidence involontaire, elliptique et presque irrésistible de votre défaut ou de votre vice, que ferait l'aveu soudain indirectement et bizarrement proféré par un criminel ne pouvant s'empêcher de confesser un meurtre dont vous ne le saviez pas coupable. » *Le Côté de Guermantes I.*

« On voudrait que la vérité nous fût révélée par des signes nouveaux, non par une phrase, une phrase pareille à celles qu'on s'était dites tant de fois. » *Albertine disparue.*

Couverture d'un des carnets de notes de Proust.

Anthologie critique

Certains jugements sur Proust sont restés célèbres, tel celui du lecteur de la maison Ollendorff, au moment de son refus de *Du côté de chez Swann* en 1913 : « Je suis peut-être bouché à l'émeri, mais je ne puis comprendre qu'un monsieur puisse employer trente pages à décrire comment il se tourne et se retourne dans son lit avant de trouver le sommeil. »

Sans doute cette réaction est-elle particulièrement grossière, mais elle reflète, au fond, le propos de la plupart des critiques contemporains de Proust : la *Recherche* leur paraissait trop longue, trop détaillée, consacrée à des états sans intérêt. On ne comprend pas la composition complexe de Proust, les multiples « préparations » des premiers volumes pour la suite.

L'un des seuls critiques clairvoyants, à cette époque, est Jacques Rivière, auteur de plusieurs articles sur Proust, et qui écrit notamment après le prix Goncourt, au moment où on accusait Proust d'être trop vieux : « Du jeune homme qui, s'assimilant avec adresse une formule déjà fatiguée, réussit à lui donner un éphémère brillant de nouveauté, ou de l'écrivain qui ne se met au travail que sur le tard, poussé par le seul besoin de transcrire la vision profondément inédite et, si l'on ose dire "impaire" qu'il a des choses, et particulièrement du monde intérieur, quel est le vrai "jeune" ? Pour le décider, ne faut-il pas regarder de quel côté l'avenir est le mieux servi, de quel côté la littérature se trouve le moins close, le plus exposée à se renouveler ? » (*La Nouvelle Revue française*, janvier 1920). Quant à André Gide, qui a constamment essayé de faire oublier sa première erreur, il rend hommage, certes, au « clair génie » de Proust (« En relisant *Les Plaisirs et les Jours* »), mais il manifeste une réticence qui s'explique par l'image que la *Recherche* a donnée de l'homosexualité, et qui lui paraît trop condamnatrice.

Ensuite vient l'éclipse des années 30-50, où les seuls jugements qui s'expriment, en France tout au moins, sont négatifs, tel celui de Jean-Paul Sartre, qui, dans *Situations II* (1948), condamne l'œuvre de Proust, « complice de la propagande bourgeoise » d'un point de vue idéologique : « [...] son œuvre contribue à répandre le mythe de la nature humaine. [...] Nous ne croyons plus à la psychologie intellectualiste de Proust et nous la tenons pour néfaste. »

C'est encore l'image de Proust « psychologue » dont la critique mettra si longtemps à se débarrasser. Cependant, avec la « découverte » de *Jean Santeuil* et de *Contre Sainte-Beuve* en 1952 et 1954, un nouveau mouvement s'amorce : on va s'intéresser à la genèse de l'œuvre, et donc à sa structure.

Maurice Blanchot, dans *Le Livre à venir* (1959), au titre clairement proustien, s'intéresse à la conception de la littérature que révèle *À la recherche du temps perdu* : « On le voit, ce qui est donné à la fois, c'est non seulement l'assurance de sa vocation, l'affirmation de ses dons, mais l'essence même de la littérature qu'il a touchée, éprouvée à l'état pur, en éprouvant la transformation du temps en un espace imaginaire (l'espace propre aux images), en cette absence mouvante, sans événements qui la dissimulent, sans présence qui l'obstrue, en ce vide toujours en devenir : ce lointain et cette distance qui constituent le milieu et le principe des métamorphoses et de ce que Proust appelle métaphores, là où il ne s'agit plus de faire de la psychologie, mais où au contraire il n'y a plus d'intériorité, car tout ce qui est intérieur s'y déploie au-dehors, y prend la forme d'une image. »

Jean Rousset, dans *Forme et Signification* (1962), souligne la construction de l'œuvre, la valeur de certains livres modèles et de divers personnages qui, tous, représentent une attitude possible face à l'art : « Le roman de Proust [...] s'ordonne autour d'une série d'expériences esthétiques. Aussi, chacun de ses personnages y est-il conçu en relation avec l'art ; cela est vrai, bien entendu, des grands créateurs, Vinteuil, Elstir, Bergotte, même la Berma, comme du héros et de ses doubles, Swann, Charlus ; mais cela est vrai aussi de tous les comparses, de la duchesse de Guermantes, qui tient d'étranges propos sur la peinture, à Mme de Villeparisis, caricature de Sainte-Beuve, en passant par le clan Verdurin, Bloch ou les Cambremer ; tous ont pour fonction première de représenter l'une des attitudes possibles, le plus souvent aberrantes, devant l'œuvre d'art. »

Gilles Deleuze, dans *Proust et les Signes* (1964 pour la première partie), insiste sur le fait que la mémoire n'est pas le fondement de la *Recherche*, au sens où celle-ci est pour le héros une entreprise de déchiffrement des signes conduisant à la contemplation des essences : « signes mondains vides, signes mensongers de l'amour, signes sensibles matériels, enfin signes de l'art essentiels (qui transforment tous les autres) ». « Proust insiste constamment sur ceci : à tel ou tel moment, le héros ne savait pas encore telle chose, il l'apprendra plus tard. Il était sous telle illusion, dont il finira par se défaire. D'où le mouvement des déceptions et des révélations, qui rythme toute la *Recherche*. [...] L'œuvre de Proust est fondée, non pas sur l'exposition de la mémoire, mais sur l'apprentissage des signes. [...] La *Recherche* se présente comme l'exploration des différents mondes de signes, qui s'organisent en cercles et se recoupent en certains points. Car les signes sont spécifiques et constituent la matière de tel ou tel monde. »

L'année 1971, centenaire de la naissance de Proust, est l'occasion de nouvelles publications, dont la plus importante est le livre de Jean-Yves Tadié, *Proust et le roman*, vaste somme qui montre comment la *Recherche* est fondée sur deux formes essentielles, le « je » et le temps. Il propose une nouvelle hiérarchie des signes : « La rencontre de l'intemporel a trois aspects distincts : les découvertes d'œuvres d'art, les réminiscences, les "impressions obscures" [...]. Les premières fournissent un exemple, une invitation, une provocation ; les secondes, non pas toute la matière de l'œuvre, mais quelques unes de ses parties (les plus pures si l'on veut) ; les troisièmes ouvrent l'espace imaginaire, la profondeur où raconter la vie devient possible : l'appel que lancent les clochers de Martinville ne peut se traduire que par l'écriture [...]. »

Gérard Genette, auteur de plusieurs articles sur Proust, se livre dans *Figures III* à une analyse très précise des catégories du récit, et en particulier du traitement de la temporalité, en montrant par exemple comment le récit proustien est fondé sur une alternance entre l'itératif et le singulatif, et en mettant en valeur la technique des anticipations et des retours en arrière, prolepses et analepses : « Mais l'élusion la plus audacieuse [...] consiste à oublier le caractère analeptique du segment narratif dans lequel on se trouve, et à prolonger ce segment en quelque sorte indéfiniment et pour lui-même sans se soucier du point où il vient rejoindre le récit premier. C'est ce qui se passe dans l'épisode [...] de la mort de la grand-mère. [...] Il en va évidemment de même, mais à une bien plus vaste échelle, de l'analepse ouverte à *Noms de pays : le pays*, dont nous avons déjà vu qu'elle se poursuivra jusqu'à la dernière ligne de la *Recherche* sans saluer au passage le moment des insomnies tardives, qui fut pourtant sa source mémorielle et comme sa matrice narrative [...]. À sa manière [...] Proust ébranle ici les normes les plus fondamentales de la narration, et anticipe les plus troublantes démarches du roman moderne. »

Enfin, les années 80 sont marquées par un développement nouveau des publications proustiennes et en particulier des éditions nouvelles de la *Recherche* : la plus importante est celle de La Pléiade, qui joint de très nombreux inédits et esquisses, permettant de mieux comprendre le développement de l'écriture proustienne.

Recherches et exercices

COMMENTAIRE COMPOSÉ

La Prisonnière : «Françoise m'apporta *Le Figaro*... une autre voie que celle de la sincérité », collection Folio, pages 110-112.

Introduction

La conception de *La Prisonnière*, par sa division en grandes « journées », renvoie au modèle théâtral. Ce texte, extrait de la troisième journée, se trouve placé à plusieurs titres sous le signe du théâtre : Albertine projette d'aller à une « matinée » au Trocadéro, échange avec le narrateur, selon les habitudes familiales de celui-ci, des citations d'*Esther*. Surtout, tout le texte est placé sous le signe du double jeu, du masque, et même du dédoublement puisque le narrateur se voit lui-même partagé en homme du « matin » et homme du « crépuscule ». Ainsi le thème du théâtre donne-t-il à la scène un double aspect : elle apparaît comme un jeu, les problèmes habituels du narrateur semblent se résoudre dans une grande insouciance, et en même temps, une vérité tragique se fait jour à travers ces citations de Racine à double fonction.

I. La comédie du bonheur

Après tant de conflits, des relations heureuses semblent enfin possibles entre Albertine et le narrateur. Dans cette journée qui commence avec l'évocation humoristique des « cris de Paris » se place

A) Une scène anodine de la vie quotidienne

1) L'insistance sur les détails du bonheur. C'est le début d'une matinée ordinaire pour le narrateur, pleine de ces moments qui lui semblent ennuyeux parce qu'ils sont sans souffrance, et dont il se rendra compte plus tard à quel point ils le rendaient heureux : entrée de Françoise, annonce des projets d'Albertine, entrée d'Albertine elle-même, tout ceci est détaillé ; même les paroles sont rapportées au style direct. Ainsi la scène a-t-elle un caractère vivant et familier.

2) Le rire. C'est « en riant » que le narrateur fait venir Albertine, et celle-ci rit de son rire troublant. Tout le ton de la scène est apparemment à la

moquerie tendre, à la gentille plaisanterie : « Je serais furieux que vous me réveilliez. – Je sais, je sais, n'ayez pas peur. » Même les recommandations de prudence se font sur un ton badin : « pas de haute voltige ». C'est pourquoi on trouve dans cette scène

B) Une insouciance qui va jusqu'au cynisme

Comme l'affirme le narrateur dans « Un amour de Swann », « on devient moral quand on est malheureux ». Inversement, de même que Swann, à la fin du roman, redevient un peu mufle, le narrateur, ici, semble avoir l'attitude d'un amant de vaudeville qui cherche à se débarrasser d'une maîtresse un peu encombrante. D'où de constants « apartés » avec le lecteur, avec des effets de comique comparables à ceux du théâtre, fondés sur le décalage entre les paroles et les actes :

> « je dis en riant : "qu'elle vienne" et je me dis qu'elle pouvait aller où elle voulait et que cela m'était bien égal »

> « (et à part moi je pensais : "si, elle me lasse souvent") »

Mais ce cynisme se marque surtout dans le souhait final : « Quel plaisir si, avec ses chevaux, elle avait eu la bonne idée de partir je ne sais où, où elle se serait plu, et de ne plus jamais revenir à la maison ! »

Le narrateur semble être devenu un autre homme, celui du matin, à qui il suffit d'un peu de soleil (« quand il faisait si beau temps ») pour devenir insouciant. Il souligne lui-même qu'avec le crépuscule il deviendra « un autre homme, triste, attachant aux moindres allées et venues d'Albertine une importance qu'elles n'avaient pas à cette heure matinale ». Tout ceci n'est peut-être qu'un jeu, une comédie, comme semblent l'indiquer les nombreuses références au théâtre dans le texte.

C) Le théâtre et la vie : le détournement héroï-comique des citations

Sans doute assiste-t-on, au sens propre cette fois, à une « matinée "extraordinaire" », puisque le théâtre se mêle à la vie pour la dédramatiser. Si le coup d'œil quotidien au *Figaro* est mentionné, ce n'est peut-être pas seulement pour rappeler que la littérature est placée au second plan dans cette vie avec Albertine, mais aussi pour moquer le rôle de barbon digne du théâtre de Beaumarchais tenu habituellement par le narrateur. De même, ce sont toutes les peurs habituelles du narrateur qui sont tournées en dérision par le recours au registre tragique : peur des courants d'air, peur d'être réveillé. À travers les citations d'*Esther*, c'est le rôle même de tyran joué par le narrateur qui est rendu ridicule. Enfin, ces citations se mêlent aux « cris rendus tout à fait confus par notre conversation », cris des marchands de primeurs de la rue.

Autant dire qu'on est ici dans le registre de l'héroï-comique. Cependant, s'il y a jeu théâtral ici, il ne consiste peut-être pas seulement à échanger des citations d'*Esther*.

À la fin du texte, le narrateur affirme : « Une vérité plus profonde que celle que nous dirions si nous étions sincères peut quelquefois être exprimée et annoncée par une autre voie que celle de la sincérité. » Quelle est cette vérité profonde ? La présence des citations n'a-t-elle pas *aussi* pour fonction de rappeler la tragédie latente ?

II. Une autre vérité : la tragédie d'Albertine

A) Un langage menteur qui dissimule des rapports fondés sur la peur

1) Le langage menteur. Au-delà du badinage, de l'échange de plaisanteries sur *Esther*, le double jeu continue, avec une récurrence du thème du mensonge : « j'ajoutai ces paroles mensongères », « elle mentit à son tour », « ainsi échangeâmes-nous des paroles mensongères ».

2) Or ce qui justifie ce mensonge, c'est que les rapports d'Albertine et du narrateur sont fondés sur la peur : la vie d'Albertine est fondée sur une série d'interdits. Quant au narrateur, il doit constamment se méfier, la surveiller. La menace qui plane est soulignée par « me rappelant ce qu'elle m'avait dit la veille ». Pour les deux personnages, le mensonge et la peur sont associés dans les rapports amoureux : pour le narrateur (« comme s'il n'était pas naturel de se méfier des gens qui vous aiment »), et pour Albertine (« mais cette affirmation ne semblait pas impliquer qu'elle ne me crût pas menteur »).

Ainsi, par-delà le badinage et le jeu du cynisme, et au moment même où le narrateur souhaite la disparition d'Albertine, l'amour est toujours présent sous la forme d'une menace, d'une peur continuelle. Mais une autre menace plane sur le texte, une « autre vérité » se laisse lire, vérité que le lecteur non averti ne peut comprendre, et avec laquelle Proust joue en la préparant, en l'anticipant. On se souvient alors qu'*Esther* n'est pas une aimable comédie, mais une tragédie où un peuple entier, et Esther elle-même, sont menacés de mort.

B) Un exemple d'ironie tragique : les signes du destin dans le texte

En quelques lignes, Proust a concentré le futur destin des deux personnages : la fuite d'Albertine, son accident de cheval, le chagrin du narrateur qui, s'il survit à Albertine, souhaitera la mort.

C'est un exemple d'ironie tragique car tout ce que souhaite le narrateur se réalisera en se retournant contre lui, écho du souhait tragique de

Swann, qui, lui aussi, s'était trompé dans « Un amour de Swann » en croyant que la mort d'Odette le délivrerait.

Il y a donc « une vérité plus profonde » qui s'exprime « par une autre voie que celle de la sincérité », parce que les paroles du narrateur sont mensongères quand il parle d'amour et trahissent en même temps la vérité d'un amour dont il n'est pas conscient. Et il y a une « vérité plus profonde » qui est « annoncée par une autre voie que celle de la sincérité », c'est-à-dire une prémonition de ce qui va arriver, des paroles qui prennent rétrospectivement une autre dimension.

Conclusion

Si c'est un texte traversé par une série de références au théâtre, au jeu, qu'il soit comique ou tragique, c'est aussi l'un des textes les plus résolument « romanesques » de *La Prisonnière* : insertion d'éléments pathétiques, mélange de bonheur quotidien et de malheur latent. C'est l'auteur de roman, ici, qui, en préparant ses effets, prend la place du destin antique qui écrasait les héros. C'est aussi un texte qui engage le statut même de la vérité : cette vérité sur la vie des deux personnages, que le narrateur cherche en vain dans les gestes d'Albertine, passe à côté de lui sans qu'il s'en doute.

SUJETS D'EXPOSÉS OU D'ESSAIS

• Résumez les principes esthétiques développés dans la *Recherche* et l'apport des différents personnages d'artistes.

• Analysez la structure d'une grande scène mondaine.

• Étudiez les symétries entre les différentes intrigues amoureuses dans la *Recherche*.

• Étudiez un exemple de métaphore filée.

• Proust écrit dans *Le Temps retrouvé* : « Ainsi, j'en étais déjà arrivé à cette conclusion que nous ne sommes nullement libres devant l'œuvre d'art, que nous ne la faisons pas à notre gré, mais que préexistant à nous, nous devons, à la fois parce qu'elle est nécessaire et cachée, et comme nous ferions pour une loi de la nature, la découvrir. » Qu'en pensez-vous ?

• Gilles Deleuze écrit dans *Proust et les Signes* : « [...] tous les signes convergent vers l'art ; tous les apprentissages, par les voies les plus diverses, sont déjà des apprentissages inconscients de l'art lui-même. Au niveau le plus profond, l'essentiel est dans les signes de l'art. » Cette formule vous paraît-elle s'appliquer aux expériences du narrateur dans la *Recherche* ?

• Discutez cette affirmation de Jean-Yves Tadié dans *Proust* : « Le personnage proustien n'a plus de psychologie fixée, donc connaissable ; il ne se présente pas comme un être réel, ne joue pas le jeu du roman balzacien ou flaubertien. C'est pour la commodité de l'étude que nous parlons encore de personnages : ces êtres imaginaires, ces êtres de mots et de papier, les divers Swann, les divers Charlus, les innombrables Albertine ont peu en commun avec Rastignac ou Mme de Mortsauf. »

• Cette formule d'Antoine Compagnon (*Proust entre deux siècles*) vous paraît-elle s'appliquer à la *Recherche* : « Dans l'intervalle du roman et de la critique, entre la littérature et la philosophie, toute l'œuvre et tout dans l'œuvre est mixte, hybride, intermédiaire. C'est pourquoi Proust a déconcerté les lecteurs et les déconcerte toujours [...] » ?

Les deux filles de Jethro. Détail d'une fresque de Botticelli, 1481.

Lexique

Analepse : anticipation dans l'ordre du récit.

Cristallisation : en minéralogie, processus qui aboutit à la formation de cristaux. Chez Stendhal (*De l'amour*), c'est une image qui désigne la façon dont celui qui tombe amoureux attribue toutes les qualités à l'être aimé.

Déité : dieu ou déesse.

Hermaphrodite : qui a les deux sexes.

Héroï-comique : style noble appliqué à une situation triviale, quotidienne.

Incipit : première phrase d'un texte.

Inverti : dans la terminologie proustienne, synonyme d'homosexuel. L'inversion consiste à n'aimer que les personnes de son propre sexe.

Itératif, ve : désigne ce qui arrive plusieurs fois, et qui, dans l'ordre du récit, n'est raconté qu'une seule fois.

Paradigme : modèle.

Polyptyque : tableau composé de plusieurs volets.

Préraphaélite : désigne un mouvement pictural anglais (seconde moitié du xixe siècle) qui se caractérise par le rejet de l'académisme et la volonté d'en revenir à l'art des primitifs italiens qui ont précédé Raphaël.

Prolepse : retour en arrière dans l'ordre du récit.

Zéphora : dans la Bible, fille de Jethro épousée par Moïse. Elle est représentée dans une fresque de Botticelli se trouvant dans la Chapelle Sixtine (*Scènes de la vie de Moïse*, 1481). La ressemblance avec Zéphora que Swann trouve à Odette peut s'interpréter comme le signe de sa vocation manquée. Tel Moïse, il restera au seuil de la Terre promise, et ne connaîtra jamais les révélations de l'art.

Bibliographie

Éditions de référence

À la recherche du temps perdu, édition publiée sous la direction de Jean-Yves Tadié, Paris, Gallimard, La Pléiade :
– tome I, 1987 : *Du côté de chez Swann, À l'ombre des jeunes filles en fleurs* ;
– tome II, 1988 : *À l'ombre des jeunes filles en fleurs, Le Côté de Guermantes I, Le Côté de Guermantes II* ;
– tome III, 1988 : *Sodome et Gomorrhe, La Prisonnière* ;
– tome IV, 1989 : *Albertine disparue, Le Temps retrouvé*.

Contre Sainte-Beuve, précédé de *Pastiches et Mélanges*, et suivi de *Essais et articles*, éd. de Pierre Clarac et Yves Sandre, Paris, Gallimard, La Pléiade, 1971.

Jean Santeuil, précédé de *Les Plaisirs et les Jours*, éd. de Pierre Clarac et Yves Sandre, Paris, Gallimard, La Pléiade, 1971.

Correspondance de Marcel Proust, établie par Philip Kolb, 20 volumes parus, Paris, Plon, 1970-1992.

Éditions courantes

Les Plaisirs et les Jours, collection Folio.

Contre Sainte-Beuve, édition de Bernard de Fallois, Paris, Gallimard, 1954, rééd. « Idées Gallimard ».

À la recherche du temps perdu, collection Folio (reprend l'appareil critique de l'édition de La Pléiade) ou Garnier-Flammarion.

Biographie

ALBARET, Céleste, *Monsieur Proust*, souvenirs recueillis par Georges Belmont, Paris, Laffont, 1973.

Ouvrages critiques

BLANCHOT, Maurice, *Le Livre à venir*, Paris, Gallimard, 1959.

BRÉE, Germaine, *Du temps perdu au temps retrouvé*, Paris, Les Belles Lettres, 1950.

CHANTAL, René de, *Marcel Proust critique littéraire*, Montréal, Presses de l'Université de Montréal, 1967.

COMPAGNON, Antoine, *Proust entre deux siècles*, Paris, Éditions du Seuil, 1989.

DELEUZE, *Proust et les Signes*, Paris, P.U.F., 1964, 2e éd. 1970.

GENETTE, Gérard, « Proust palimpseste », *Figures I*, Paris, Éditions du Seuil, 1966 ; « Proust et le langage indirect », *Figures II*, Paris, Éditions du Seuil, 1969 ; *Figures III*, Paris, Éditions du Seuil, 1972 ; et Todorov, Tzvetan, sous la direction de, *Recherche de Proust*, Paris, Éd. du Seuil, 1980.

HENRY, Anne, *Proust*, Paris, Balland, 1986.

JULLIEN, Dominique, *Proust et ses modèles. Les Mille et Une Nuits et les Mémoires de Saint-Simon*, Paris, Corti, 1989.

MACÉ, Gérard, *Le Manteau de Fortuny*, Paris, Gallimard, 1987.

MIGUET-OLLAGNIER, Marie. *La Mythologie de Marcel Proust*, Paris, Les Belles Lettres, 1982.

MILLY, Jean, *Proust et le Style*, Paris, Minard, 1970 ; *Les Pastiches de Proust*, Paris, Colin, 1970 ; *Marcel Proust dans le texte et l'avant-texte*, Flammarion, 1975 ; *La Longueur des phrases dans « Combray »*. Champion-Slatkine, 1986 ; *La Phrase de Proust*, Paris, Larousse, 1975.

MULLER, Marcel, *Les Voix narratives dans la « Recherche du temps perdu »*, Genève, Droz, 1965 ; *Préfiguration et structure romanesque dans À la recherche du temps perdu*, French forum publishers, Lexington, Kentucky, 1979.

POULET, Georges, *Études sur le temps humain*, Paris, Plon, 1950 (t. I) et 1968 (t. IV) ; *L'Espace proustien*, Paris, Gallimard, 1963.

RAIMOND, Michel, *Le Signe des temps*, Paris, SEDES, 1976. ; *Proust romancier*, Paris, SEDES, 1984.

RICHARD, Jean-Pierre, « Proust et l'objet herméneutique », *Poétique*, n° 13, 1973 ; *Proust et le monde sensible*, Paris, Éditions du Seuil, 1974.

ROUSSET, Jean, *Forme et Signification*, Paris, Corti, 1962, rééd. 1982.

SPITZER, Léo, *Études de style*, Paris, Gallimard, 1970.

TADIÉ, Jean-Yves, *Proust et le Roman*, Paris, Gallimard, Bibliothèque des idées, 1971 ; *Proust*, Paris, Les dossiers Belfond, 1983.

Table des matières

Dans la même collection, série "Les œuvres"

Crédits photographiques

Archives Nathan : 14, 102 / Roger Viollet : 2 / Snark : 112 ; Roger Viollet : 122 ;
Tallandier : 104.

Aubin Imprimeur
LIGUGÉ, POITIERS

IMPRESSION – FINITION

Achevé d'imprimer en novembre 1992
N° d'édition 10007808-I-05B 80° / N° d'impression L 41
Dépôt légal novembre 1992 / Imprimé en France